A ORGANIZAÇÃO
DO
YI JING

Cyrille JAVARY

A ORGANIZAÇÃO DO *YI JING*

Tradução:
Andréa Farias Hofmänner
Sonia Maria Campos Leal

GRYPHUS

© 2001, Editions Philippe Picquier
Mas de Vert
13200 Arles France

Capa
Axel Sande – Gabinete de Artes (www.gabinetedeartes.com.br)

Editoração Eletrônica
Rejane Megale

Revisão de texto
Vera Villar

Adequado ao novo acordo ortográfico da língua portuguesa

CIP-BRASIL. CATALOGAÇÃO-NA-FONTE
SINDICATO NACIONAL DOS EDITORES DE LIVROS, RJ

J45o

Javary, Cyrille
A organização do Yi Jing / Cyrille Javary; tradução Andréa Farias Hofmänner e Sonia Maria Campos Leal. – 1. ed. – Rio de Janeiro: Gryphus 2014.
120 p. : il. ; 21 cm

Tradução de: Les rouages Du Yi-Jing
ISBN 978-85-8311-009-5

1. Filosofia. I. Título.

14-09076 CDD: 615.892
CDU: 615.814.1

Direitos para a língua portuguesa reservados, com exclusividade no Brasil para a:
GRYPHUS EDITORA
Rua Major Rubens Vaz, 456 — Gávea — 22470-070
Rio de Janeiro — RJ — Tel.: (0XX21) 2533-2508
www.gryphus.com.br — e-mail: gryphus@gryphus.com.br

Sumário

CEDO OU TARDE PERCEBEMOS QUE O *YI JING* TEM SEMPRE RAZÃO

Não sei como nem por que, mas este é um fato consumado. Os usuários do *Livro das transformações* são unânimes ao descrever o espanto causado, desde a primeira consulta, pelas respostas oferecidas pelo *Yi Jing* às suas indagações. Comigo não foi diferente...

Sou um dos inúmeros brasileiros que viveram a experiência da emigração na juventude. Parti para a Europa aos meus 25 anos, logo depois de haver terminado a Faculdade de Letras. Tomei este rumo por amor a um homem suíço que conheci em meu Rio de Janeiro natal.

Quando de meu primeiro retorno ao Rio, vim acompanhada do marido e trouxe comigo, no ventre, minha primeira filha. Havia decidido ter o parto no Brasil, onde minha família inteira residia, visto que naquele momento eu precisava mais do que nunca daquele suporte. Alguns meses mais tarde, com o bebê já nos braços, fui tomada por uma imensa onda de desalento: não desejava voltar para a Europa, onde me sentia isolada, triste. Que dilema: meu marido era europeu, tínhamos nossa vida estabelecida em Genebra, no entanto eu preferia ficar no Brasil. O que fazer?

Fui então apresentada por uma amiga ao *Yi Jing* em sua tradução mais propagada no Brasil, de autoria do alemão Richard Wilhelm. Lancei pela primeira vez algumas moedas, concentrada nesta questão que me atormentava, contei os pontos obtidos e formei o hexagrama-resposta.

Como **hexagrama de situação**, obtive o **28 GRANDE EXCESSO**. Diagnóstico: eu estava vivendo uma situação emocionalmente desmedida, com um peso enorme ameaçando minha estrutura, sentindo-me efetivamente solitária, embora dispusesse, apesar de tudo, de uma força interior intensa podendo potencialmente ajudar-me a ultrapassar este problema.

Isso não foi tudo, pois obtive igualmente uma **linha mutante**: a segunda linha do hexagrama passava do ***yang*** ao ***yin***, ou seja, reassumia a característica que deveria ter na segunda posição, que pede um comportamento yin. O texto desta linha na tradução do *Yi Jing* de Cyrille Javary e de Pierre Faure que consulto atualmente (infelizmente ainda exclusivamente em francês), anuncia:

> *De um álamo ressecado*
> *nascem brotos*
> *Um marido idoso obtém*
> *como esposa uma nobre senhorita*
> *Nada que não seja frutuoso*

Encontrei neste texto um resumo dos acontecimentos evocados em minha pergunta: eu casada com um homem mais velho do que eu, uma árvore dando brotos representados por nossa filha, em uma situação extremamente frutuosa.

Passei então ao exame do **hexagrama de perspectiva**, estabelecido após a mutação da linha evocada acima. Tratava-se do **31 INCITAR**. Explicação: situação em que há um estímulo mútuo, o começo de um desenvolvimento sutil, atrações instintivas. Ao ler este hexagrama, revi meu sentimento por meu marido, lembrei de como tudo começara entre nós e como continuava sendo.

Como pôde um livro descrever de maneira tão precisa meus sentimentos, minha situação e minha história? Fiquei tão abalada, impressionada com a exatidão! Resolvi voltar para minha casa na Suíça. Pareceu-me o caminho natural de minha vida naquele momento. Retornei, sim, mas com um exemplar do *Yi Jing* no fundo de minha mala. Isso há 24 anos.

Desde então, prossegui consultando regularmente o livro, anotando minhas perguntas, analisando as respostas obtidas, muitas vezes relendo-as posteriormente, comprando todos os livros sobre o tema com que me deparava, praticando sozinha ou com amigos. Com o tempo, conheci os inúmeros livros de Cyrille Javary sobre o *Yi Jing*, descobri o Centro Djohi (associação criada por Javary para reunir pessoas interessadas pelo estudo do *Yi Jing*) e percebi que, estudando o tema com outras pessoas, eu aprendia ainda mais.

O presente livro, que minha amiga Sonia Leal e eu traduzimos do francês para o português, contém os princípios do ensinamento elementar para a compreensão e a prática do *Yi Jing*. O autor identifica e explica todos os elementos que compõem a resposta a uma consulta ao *Livro das transformações* e estabelece relações até então inusitadas nos livros tradicionais brasileiros tratando deste tema.

Definitivamente, este livro estava faltando na bibliografia brasileira! Por isto nosso trabalho, nosso empenho e nosso entusiasmo. Esperamos contagiá-los com nossa admiração e consideração por este "velho" livro e principalmente esclarecer a organização do *Yi Jing* para favorecer a compreensão das respostas de forma sistemática e estruturada.

Agora é com vocês!

Um grande abraço,

Andréa Farias Hofmänner
Genebra (Suíça), 6 de outubro de 2013

Hexagrama 33 e Hexagrama 44

Meu encontro com o *Yi Jing – I Ching* – deu-se em um 'momento de decisão'. E à primeira pergunta feita, a resposta obtida foi determinante para a mudança de rumo de minha vida. Entendi imediatamente a resposta simbólica à pergunta direta feita em um momento de tensão, e vislumbrei outra possibilidade e aquietei-me para decidir.

Estava fragilizada por ter sido roubada em todas as joias que havia recebido em meu casamento, já havia dado queixa na DP e estava pensando em ir atrás das ladras. Quando recebi como resposta o Hxg 33 – Bater em Retirada – entendi a mensagem e senti que o envolvimento seria com pessoas inferiores, e a saída favorável era não combater o inimigo, pois poderia ficar encurralada em mãos perigosas. O Hxg 44 estava no núcleo da questão. Perdem-se os anéis e ficam os dedos... Retirei a queixa na DP e segui meu caminho ao encontro desse saber.

Logo após, soube que Alayde Mutzenbecher estava de volta ao Brasil, após longo período de estudo do *Yi Jing* com Cyrille Javary, em Paris, França, e que em breve começaria um curso sobre o assunto. Inscrevi-me no curso de *Yi Jing – I Ching*. Depois de seu passamento - a quem agora presto esta homenagem – fui a Paris e tive encontros acolhedores e incentivadores para a continuação do estudo de *Yi Jing – I Ching*.

Por isso, interessei-me – pois me foi de grande ajuda – em trazer essa sabedoria ancestral chinesa para nós brasileiros, carentes de livros que elucidem, com simplicidade e sem mitificar, esse modo de ver a vida sempre em transformação do *yin* ao *yang*.

O dia está contido na noite, e a noite no dia, e assim sucessivamente, para dar o mais simples exemplo.

Eis-me aqui e agora, portadora dessa alegre tradução do livro que condensa essa sabedoria em páginas que traduzi em parceria com minha amiga Andrea Farias - que me deu de presente o livro em francês! - e que compartilho com Cyrille Javary, Gisela Zincone, Li An e todos que se interessarem por esse fabuloso assunto.

Tire deste livro o melhor proveito possível, é o meu voto sincero.

Sonia Maria Campos Leal
Rio de Janeiro, 06 de outubro de 2013

Introdução

O *Yi Jing* ou o *Clássico das transformações* (ou I Ching ou ainda Yi King), o grande livro do *yin* e do *yang*, é um dos mais profundos mal-entendidos surgidos entre a China e o Ocidente.

É uma obra que há mais de 2.000 anos ocupa, na civilização chinesa, um lugar comparável em nossa civilização ao *Discurso sobre o método*[1], mas que, em nossas latitudes, é ignorada ou até mesmo reprovada e relegada às prateleiras divinatórias e de ocultismo das livrarias. A despeito disto, o livro conquistou um grande público, encorajado por autores célebres, embora não peritos no universo chinês, tal como outrora Leibniz[2] e mais recentemente Jung[3]. Além, certamente, dos apreciadores da abertura intelectual ou do exotismo cultural. Contudo, raros são aqueles que, ao conhecerem o *Yi Jing*, percebem que têm em mãos nada menos do que a base sobre a qual repousa todo o pensamento chinês, a origem de sua originalidade e um dos mais fascinantes mecanismos de conexões que o espírito humano conseguiu produzir.

1 N. da T.: Tratado matemático e filosófico de René Descartes (1596 - 1650) publicado na França em 1637. Descartes foi filósofo, físico e matemático e inaugurou o racionalisno da Idade Moderna.

2 N. da T.: Gottfried Wilhelm von Leibniz (1646 - 1716), filósofo e cientista alemão. *Discurso sobre a teologia natural dos chineses*. Lisboa: Colibri. 1991

3 N. da T.: Carl Gustav Jung, psiquiatra suíço (1875-1961), fundador da psicologia analítica, que explora os sonhos e as fantasias entre o consciente e o inconsciente.

Nem é um exagero dizer que foi para criar os materiais, cuja lenta destilação resultou no *Yi Jing*, que se inventaram há 35 séculos os ideogramas – estes estranhos signos de escrita ainda hoje em uso no País do Meio. A *Lenda dourada* que relata a origem do *Yi Jing* atribui sua criação aos quatro maiores heróis da história chinesa. Inicialmente, houve Fu Xi, pai da civilização chinesa, inventor mítico dos quatro pilares sobre os quais esta repousa: a escrita, os ritos, a culinária e o *Yi Jing*. Em seguida, veio Wen Wang, o Rei da Escrita, que realmente fundou em 1.150 a.C. a mais prestigiosa dinastia da Antiguidade, a dinastia Zhou. Este foi seguido, vinte anos depois, por seu segundo filho, Zhou Gong, o sábio Duque de Zhou, um administrador exemplar que aperfeiçoou a obra de seu pai. O quarto personagem da lenda fundadora, que inclusive dizia ter-se inspirado na obra de Wen Wang, foi Confúcio, o "mestre das mil gerações" e que ainda domina o pensamento chinês.

CONFÚCIO ESTUDANDO O *YI JING*

Como toda lenda, esta é apenas um mito. Porém, como ocorre frequentemente nas fábulas chinesas, proclama uma verdade sob uma forma figurada. A lenda afirma que o *Yi Jing* teve sua origem na história antiga chinesa, e que ele não é nem palavra de um deus nem obra de um herói, mas sim o resultado de um processo coletivo que se estendeu por dezenas de gerações.

O fato de Confúcio (551 a.C. - 479 a.C.), que não tem nada de lendário, estar associado a este conto (é atribuída a ele a totalidade dos comentários oficiais do *Texto canônico* escrito por seus três predecessores) constitui efetivamente uma marca eloquente da estima que os eruditos tinham pelo *Livro das transformações* desde a dinastia Han (206 a.C. - 220 d.C.).

Isso não impediu os ocidentais, quando da descoberta do *Yi Jing* (aliás, muito tardiamente, pois sua primeira tradução foi realizada em latim há apenas três séculos), de desprezá-lo soberanamente, catalogando-o sem apelação entre os livros de magia e outros rebotalhos das eras pré-lógicas. O mal-entendido decorreu do fato de o *Yi Jing* não ser um livro contendo um texto que se lê do começo ao fim, mas sim uma obra que consultamos quando temos necessidade. Quando hesitamos sobre um caminho a seguir, uma atitude a tomar, uma escolha a fazer, temos um dilema a resolver, aí sim podemos usá-lo para o que ele realmente é: um manual de ajuda à tomada de decisões. Infelizmente, nada existe de comparável no Ocidente, nem tampouco uma palavra em nossas línguas, para designar esse tipo de utilização. Além do mais, sua prática requer manipulações aleatórias. Quem o conheceu primeiro foram os jesuítas enviados à corte de Beijing por Luís XIV, que viram naquilo uma superstição aborígine, uma tolice divinatória análoga àquelas que eles condenavam em seu próprio país. Em consequência, eles adotaram, para descrevê-lo bem como para traduzi-lo, um vocabulário oriundo da cartomancia ("tirar" o *Yi Jing*, "infortúnio" etc.), o que mascarava completamente o rigor de sua organização, sendo ela própria o resultado de um longo processo de racionalização iniciado no alvorecer da Idade do Bronze.

Das fissuras às figuras: resumo da história do *Yi Jing*

Na Antiguidade, os soberanos da dinastia Shang (séc. XVII a XII a.C.), ao tomarem decisões, tinham o hábito de consultar seus mortos ancestrais. O meio que empregavam para tal eram oferendas de carne cortadas à moda chinesa, isto é, com os ossos. Eles as colocavam sobre os braseiros rituais de sacrifício, pois o fogo tinha a reputação de atravessar os mundos. O calor produzia fendimentos sobre os ossos que eram "lidos" com atenção, posto que considerados como as respostas dos ancestrais às perguntas feitas. Este procedimento, originalmente assaz grosseiro, continha em si duas das quatro "invenções" de Fu Xi (o rito do culto aos ancestrais e a atribuição de uma função religiosa ao alimento) e evoluiu de século em século, "refinando sua prática ao remendar sua teoria", como diz o professor Léon Vandermeersch[4].

Portanto, passamos de uma prática inteiramente animista a um sistema mais impessoal, mais abstrato, ou seja, energético. Resumindo as etapas desse processo[5] sem entrar nos pormenores, podemos dizer simplesmente que os chineses antigos, de tanto refletir sobre essa prática, perceberam que o fracasso ou o êxito de um empreendimento dependia menos da opinião dos ancestrais mortos que de sua adequação ao momento, isto é, da qualidade da acoplagem com a configuração momentânea do universo, no momento mesmo de sua realização.

4 Léon Vandermeersch, «De la tortue à l'achillée» in J.-P. Vernant, L. Vandermeersch, J. Gernet et al., *Divination et rationalité*, Ed. du Seuil, Paris, 1974.

5 Este processo é exposto em detalhes em Cyrille J.-D. Javary, *Le discours de la tortue. Découvrir la pensée chinoise au fil du Yi Jing*. Ed. Albin Michel, Paris, 2003.

Se a pergunta mudasse sua natureza, os meios empregados mudariam também. As oferendas de carnes foram abandonadas em favor das carapaças da tartaruga. Por causa da forma arredondada da parte dorsal, como o céu, e dos múltiplos setores que ornam seu ventre lembrando a terra (os campos de cultivo)[6], as tartarugas são um modelo analógico reduzido do universo imaginado pelos antigos chineses. Os braseiros foram substituídos por umas formas de tições aquecidos aplicados em pontos precisos da carapaça, previamente esvaziada a fim de reduzir a infinita diversidade de fendimentos possíveis a algumas formas predeterminadas, portanto mais fáceis de se analisar.

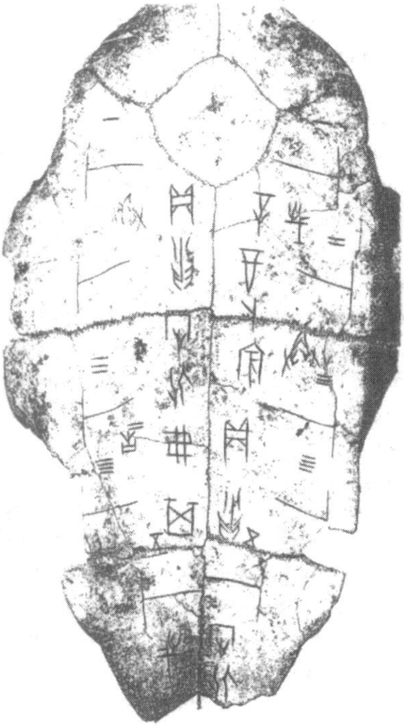

CARAPAÇA RITUAL. ÉPOCA DA DINASTIA SHANG.

6 N. da T.: Para os chineses, o céu é representado por uma forma redonda, e a terra por uma forma quadrada.

A imagem da carapaça da página anterior mostra o grau de perfeição alcançado por esse modo de pensar. A carapaça, naturalmente dividida em duas pelo sulco central, apresenta duas séries de fissuras sobrepostas e organizadas em perfeita simetria espelhada, sendo cada uma numerada. Percebemos também, de cada lado do sulco central, signos inscritos diretamente sobre a superfície da carapaça. Estes signos, os ancestrais dos caracteres chineses atuais, constituem o resumo técnico da análise que os sacerdotes tiraram das formas características das fissuras.

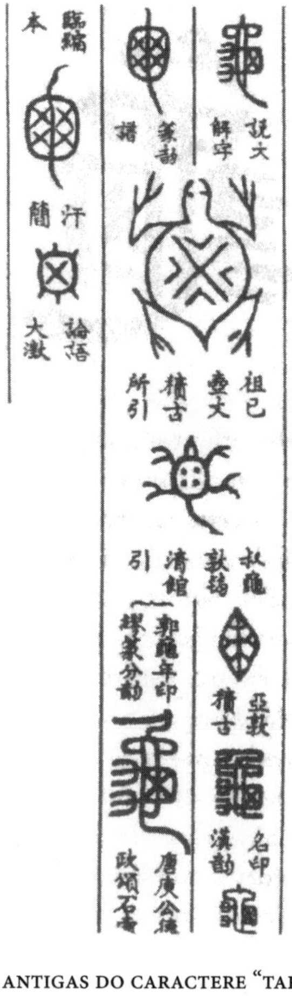

FORMAS ANTIGAS DO CARACTERE "TARTARUGA"

Forma tradicional do caractere "tartaruga"

Podemos ver essa carapaça como o protótipo completo do que seria o *Yi Jing* cerca de 15 séculos mais tarde. Já se encontram ali todos os princípios lógicos aplicados ao *Livro das transformações*, particularmente a organização da resposta sob a forma de um duplo conjunto de elementos lineares dispostos verticalmente, conforme uma estrita lógica situacional, e resumidos por um texto escrito. Isso vai até a orientação como um espelho das fissuras e dos caracteres das duas respostas que atestam a formulação da pergunta inicial sob a forma de uma "pergunta dupla", a qual permanece até nossos dias como uma das maneiras clássicas de se utilizar o *Yi Jing*.

Preservadas à época para verificação posterior do diagnóstico que havia sido estabelecido e anotado por escrito, e posteriormente esquecidas durante dois milênios, essas carapaças foram encontradas casualmente no início do século XX. Desde então, a arqueologia apresentou um grande número delas. Ao estudá-las meticulosamente, os paleógrafos descobriram muitas informações sobre os acontecimentos e os personagens daquele período histórico. Todavia o fato mais espantoso foi encontrarem, gravadas nas carapaças, frases inteiras do texto canônico do *Yi Jing*. Essa filiação direta subverteu toda a idéia que se tinha da Antiguidade; a história do *Yi Jing* assemelhava-se portanto a sua lenda.

Os pesquisadores constataram então que, por volta do ano 1000 antes de nossa era, precisamente à época da fundação da dinastia Zhou por Wen Wang, e provavelmente em razão do rareamento das tartarugas de água doce, o antigo sistema de queimadas foi abandonado progressivamente e substituído pela consulta direta aos arquivos. O procedimento de determinação do arquivo apoiava-se em uma concepção cíclica do tempo que era familiar aos chineses. A interrogação sobre a configuração energética de um momento não podia ser única, pois forçosamente já haveria haver uma tartaruga com os mesmos tipos de fissuras que as que teriam aparecido se tivéssemos feito uma queimada naquele momento, bastava determinar qual. Esta tarefa foi confiada a um procedimento aleatório rememorado pelo método dos caules de aquileia ainda hoje utilizado.

Em seguida, tentaram simplificar o sistema. Ao observarem que as apreciações gravadas nas carapaças eram constituídas de um número pequeno e limitado de caracteres, reagruparam estes últimos por semelhança e os transcreveram em um suporte mais maleável: pequenas ripas de bambu. O que iria constituir o *Yi Jing* já havia se tornado um "livro". Aos eruditos da época, restava apenas polir o trabalho, reduzindo as variedades ilimitadas de circunstâncias às 64 situações-tipo que se tornaram, após sua invenção, por volta do século III a.C., as representações lineares chamadas hexagramas.

Foi finalmente durante a dinastia Han que o Yi Jing tomou sua forma definitiva: um texto original, distribuído em 64 breves capítulos, e os Comentários Canônicos, organizados em 10 seções, tudo isso escrito com menos de 10.000 caracteres!

A partir da dinastia Han, o *Yi Jing* servirá de referência oficial, de vocabulário de base e de teoria global à quase totalidade do que se pensará na China até a invasão das tropas ocidentais. Fonte direta da dialética chinesa, o *Yi Jing* constitui o melhor modo para se familiarizar com a maneira chinesa de pensar no geral, assim como com todas as realizações originais dos chineses.

Zhong Kui combatendo um demônio

Da transformação ao Yin-Yang
Os fundamentos do Yi Jing

O argumento do *Yi Jing* está contido integralmente em seu nome: *Clássico* (*jing*) *das transformações* (*yi*), dois termos de longa expressão e que merecem ser examinados em detalhe. *Clássico*, primeiramente, pois seu sentido original em francês - o que aprendemos na escola - é bem mais restrito que o significado do ideograma chinês. O caractere *jing* (經) é composto de três elementos: à esquerda, o signo geral da seda (糸), um traço comum a todas as palavras relacionadas com o ato de tecer e que denota, em sentido figurado, o que está organizado em rede. À direita, na parte superior, encontramos a representação de um influxo triplo (巛) posicionado abaixo de uma linha que simboliza o sol (—). Trata-se da evocação de uma textura invisível, de uma vibração subterrânea, de um fluxo impalpável análogo ao que o acupunturista estimula com suas agulhas ou ao que o geomante mede com sua bússola. Embaixo está representado o signo 工, que evoca o esquadro dos carpinteiros e que simboliza todas as ferramentas utilizadas para efetuar construções e intervir em uma rede.

Associando as ideias de ferramenta, de rede e de estrutura, o sentido original do caractere *jing* era fios de corrente (a estrutura invisível que serve de armação a uma tecelagem). A partir disso, ampliou-se para designar os meridianos da acupuntura (a estrutura energética do corpo humano graças à qual podemos agir sobre ele), assim como os da geografia. Enfim, designa também, em seu sentido mais figurado, todo texto servindo de sustentáculo intelectual a uma ciência, uma prática ou uma civilização. A este título, o *Yi Jing*, a mais importante obra confuciana, tinha que ser conhecido de cor pelos candidatos aos exames imperiais que recrutavam todos os funcionários chineses, desde o jardineiro ao primeiro-ministro.

Yi

Jing

Quanto ao caractere *yi* (易) – transformação –, o que ilustra é bem interessante. Ele é formado pela combinação de um signo representando o sol (日) e de outro (勿) simbolizando os pingos da chuva caindo. Por causa dos instrumentos utilizados para traçá-los, estes dois elementos são mais facilmente reconhecíveis nos caracteres chineses antigos, que existiram até a invenção do pincel e do papel no primeiro século de nossa era.

O sentido global desse caractere nasceu da simples justaposição destas duas imagens naturais. As mudanças do tempo – a passagem incessante da chuva ao sol e do sol à chuva – servem de emblema à ideia geral de transformação. No entanto, "transformação" não é o único sentido deste ideograma. Uma segunda significação, tão usual quanto a primeira, é "simples, fácil"! O que não é nada surpreendente: o que poderia ser mais *fácil* do que as coisas *mudarem*? Basta esperar o tempo passar. Por outro lado, dado que existem tantos outros ideogramas significando "transformação", podemos imaginar que o segundo sentido mencionado acima também seja determinante para a escolha do caractere *yi* para nomear oficialmente o velho *Clássico*. É como se tivessem desejado atestar desse modo que o *Yi Jing* é o contrário de um livro difícil, oculto, mascarado, sibilino, ou seja, esotérico. Sabemos, no entanto, que ele nem sempre é simples de compreender. Quando temos a ambição de perceber a própria complexidade da vida, e que para tal consultamos uma obra que foi elaborada há 35 séculos

no outro lado do planeta e que apesar disso ainda funciona, fica patente que não sacrificamos a sutileza pela simplicidade.

Não obstante, o *Yi Jing* não ficou reservado a uma elite: ele é aberto a todos, mesmo se não se abra de imediato. Como quase tudo o que é chinês, seu aprendizado requer uma certa paciência e um pouco de método. A primeira tem que se encontrar em cada um, e a segunda é o objeto deste livro.

Há enfim um último sentido do ideograma *yi* que, à primeira vista, pode surpreender: "lei fixa". Ele se explica no entanto por si só, na medida em que os chineses consideram a mudança como um padrão de concepção do mundo. Aliás, é possível que o caractere *yi* tenha tomado este último sentido a *posteriori* e justamente por causa do *Yi Jing*, no qual uma passagem proclama sem rodeios: "A única coisa que não muda jamais é que tudo muda sempre o tempo todo."[7] Esta afirmação, com efeito, só é paradoxal em aparência. Ela constitui de fato uma base sólida sobre a qual é possível construir uma concepção geral e uma estratégia eficaz da vida cotidiana.

Entretanto, generalizar a transformação como uma base imutável pode ser arriscado, se não dispusermos de ferramentas para nos localizar. Pois é então que intervém um dos achados mais notáveis do pensamento chinês: o *yin* e o *yang*, dois termos historicamente ligados ao *Yi Jing*. Com efeito, foi para explicar e generalizar os conceitos e as estratégias aplicados pelo *Clássico das transformações* que os mesmos foram "inventados". Eles apareceram pela primeira vez com o sentido global e abstrato que conservam até nossos dias em uma passagem do *Grande comentário* (*Xi Ci*, o mais importante entre os dez *Comentários canônicos* do *Yi Jing* atribuídos a Confúcio) que resume quase toda a dialética chinesa:

一	陰	一	陽	之	謂	道
yi	*yin*	*yi*	*yang*	*zhi*	*wei*	*dao*
UMA VEZ	YIN	UMA VEZ	YANG	ISSO	SE CHAMA	O TAO

7 Hexagrama 32, comentário sobre o Julgamento

"Um *yin*/um *yang* é o nome pelo qual é designado o funcionamento (*tao*) [subentendido: de todo sistema vivo, quer dizer, transformável]."

Dao (tao)

Como os taoistas escolheram este caractere como pseudônimo de inefável, cremos com frequência no Ocidente que eles são os únicos que o empregam. Trata-se na verdade de um dos termos mais comuns do pensamento chinês, e quase todas as escolas filosóficas o utilizaram e continuam a fazê-lo.

Combinando o signo da cabeça (首) com o da caminhada (辶), o caractere *dao* designa, de maneira geral, os princípios (*cabeça*) de funcionamento (*caminhada)* de todas as coisas vivas. Aplicado ao domínio humano, pode tomar o sentido mais específico de "atitude" ou de "comportamento" (Confúcio, por exemplo, para descrever os direitos e os deveres recíprocos na sociedade, fala do "*dao* do príncipe" e do "*dao* do súdito").

No plano material, ele significa comumente (e até hoje) "estrada", "caminho", tanto o lugar onde caminhamos, quanto o caminho que seguimos. É possível que seja precisamente a trivialidade desta palavra que tenha levado os taoistas, cujo humor sempre foi muito evidenciado, a escolher esse termo para designar "ao mesmo tempo" o princípio geral de funcionamento do universo e o caminho para se aproximar dele. No contexto do *Yi Jing*, ele é empregado geralmente em seu sentido usual de "funcionamento".

Yin-yang

Y*in-yang* são uma noção tão distante de nosso modo de pensar usual, que é difícil encontrar para esses termos uma tradução apropriada. Embora estejam se tornando cada vez mais familiares no Ocidente, estes termos continuam mantendo sua aparência chinesa. Por esta razão, para nos aproximarmos do que eles representam verdadeiramente, é essencial decifrar os ideogramas que os representam.

YIN

YANG

Basta dispô-los lado a lado para observar que os dois caracteres possuem uma parte comum: o sinal em forma de P à esquerda. Designando originalmente os terrenos rituais utilizados nas cerimônias das antigas religiões xamanistas, a presença repetida deste signo afirma a unidade fundamental que liga o *yin* ao *yang*. Longe de serem modalidades antagônicas como *o "a"* e o "*não a*" *de Aristóteles*[8], eles são realidades conciliantes. Porque "*vertente sombreada*" e "*vertente ensolarada*" – seus sentidos concretos originais – são duas faces de uma *mesma* montanha, dois aspectos de uma *mesma* situação.

8 Referência à logica aristotélica. Aristóteles, filósofo grego (384 a.C. - 322 a.C.), foi aluno de Platão e criador do pensamento lógico (N. da T.).

A diferença entre os dois é especificada na parte direita de cada signo. No caractere *yang*, distinguimos um grupo que se parece muito com o ideograma *yi*. Encontramos, pois, o signo do sol (日) sobressaindo igualmente ao da chuva (勿), todavia com um traço horizontal introduzido entre os dois. Enquanto na palavra *transformação* a grafia insistia na passagem contínua de um ao outro, aqui o traço evidencia uma separação entre esses dois elementos. O sol está em vias de se separar da chuva, o céu está clareando, a temperatura aumentando. É a imagem do fim de um temporal. O que nos permite afirmar esta ideia é, em contrapartida, o exame da parte direita de seu compadre *yin*. Encontramos embaixo o ideograma nuvem (云) e acima um signo (今) que evoca um acúmulo sendo produzido. A associação dos dois descreve, portanto, um momento onde as nuvens estão se acumulando. Ao contrário do ideograma *yang*, aqui está representado o início de um temporal: o sol está desaparecendo atrás de uma camada de nuvens, o céu escurecendo, a temperatura baixando. Em seguida, após a chuva o sol voltará, e assim por diante, pois é deste modo que o tempo varia eternamente. Compreendemos melhor assim a curiosa definição de *yin* e *yang* dada por Wang Bi no século III de nossa era [9]:

"*Yin* é o que vai se tornar *yang*,
Yang é o que vai se tornar *yin*."

Assim descritos, *yin* e *yang* deixam de ser qualidades intrínsecas e atributos imutáveis, ao que são demasiada e frequentemente reduzidos, para retomarem suas funções primordiais: serem as balizas da transformação incessante. São como uns painéis indicadores que informam sobre a dinâmica, a tendência da situação na qual se encontram. Estará a situação tendendo para o sol (cujo nome comum em chinês é "extremo do *yang*"), o dia, a atividade, ou para a chuva, a noite, a lua (que serve de simplificação moderna para a parte direita do ideograma *yin*), o descanso?

9 Wang Bi (226-249) é uma espécie de Rimbaud da filosofia chinesa. Após ter escrito os comentários do *Yi Jing*, do *Dao De Jing* (*Tao Te King*) de Lao Zi e dos *Analectos* de Confúcio, os quais continuam sendo igualmente fulgurantes17 séculos mais tarde, morreu aos 24 anos.

Nesta perspectiva, o balanceamento descrito pelo ideograma *transformação* se refina, transformando-se em um dispositivo de quatro ramificações que giram ao redor de um eixo central constituído pela dissociação dos componentes do caractere *yi* (易), afastando-os uns dos outros. O sol se situa no alto, relacionado ao meio-dia, o Sul, o calor e o verão. A chuva, ecoando-o, aloja-se embaixo, associada ao frio, ao Norte e ao inverno. *Yin* e *yang* aparecem então no eixo horizontal, manifestando, graças a esta posição, o que suas denominações proclamam. Estando à mesma altura, eles são tanto um quanto outro momentos de transformação. *Yang*, a transição da chuva para o sol, está no Este, associado ao nascente, à manhã, à primavera. *Yin*, a passagem do sol à chuva, está no Oeste, associado ao poente, à noite, ao outono.[10]

Esse dispositivo espacial, a cruz sazonal chinesa, o ciclo da transformação, é uma verdadeira clave de sol do *Yi Jing* tanto ignorada quanto útil, pois ela permite descobrir e compreender bem as engrenagens do *Clássico das transformações.*

A cruz sazonal

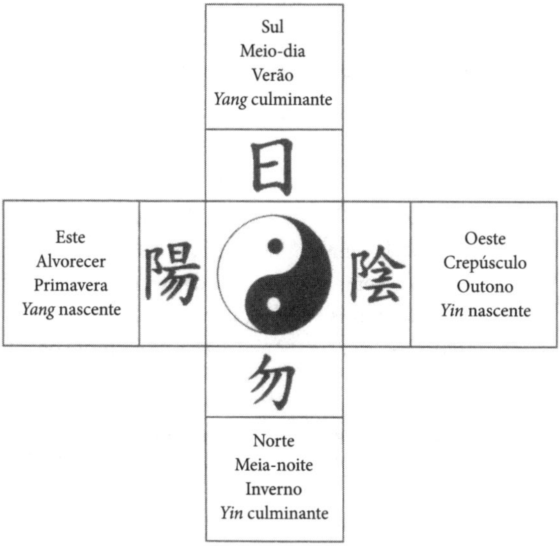

10 N. da T.: Na China, o Sul é figurado no topo da cruz sazonal, resultando em um posicionamento divergente dos pontos cardeais em relação ao comumente utilizado no Ocidente.

É difícil compreender como *yin-yang*, uma estrutura tão simples em seu fundamento dinâmico, pôde ser reduzido a uma categorização tão fixa e rígida quanto feminino e masculino, passivo e ativo. Nada, efetivamente, pode ser qualificado de *yin* ou de *yang* absolutos. Esta repartição tem que ser relativa por essência, pois depende sempre do que for escolhido como ponto de referência. *Yin* e *yang* não sendo nem atributos nem estados, mas propensões e maneiras de agir, são certamente mais compreensíveis quando concebidos como verbos do que como substantivos ou adjetivos.

Será *yin* o que	**Será *yang* o que**
suaviza	reforça
solidifica	força
estabiliza	muda
defende	ataca
se estende no tempo	se concentra no espaço
leva a bom termo	inicia
restaura as forças	consome a força
interioriza etc.	exterioriza etc.

Outra propriedade do sistema *yin-yang* é a de se duplicar ao infinito. Como dois polos de um ímã, *yin* e *yang* não podem existir um sem o outro. Cortado em dois, um ímã não produz *um* polo Norte e *um* polo Sul, mas dois ímãs menores possuindo cada qual um polo Sul e um polo Norte. Da mesma maneira, quando consideramos separadamente uma das duas funções de uma dupla qualquer *yin-yang*, ela se subdividirá tão logo em uma forma *yin* e uma forma *yang*. Tomemos por exemplo o binômio gastar sua força / restaurar suas forças. O primeiro termo é o aspecto *yang*, e o segundo, o aspecto *yin*. Se considerarmos isoladamente este último, percebemos que existem duas maneiras de restaurar suas forças: uma *yin* (dormir), e outra *yang* (comer).

Uma manifestação grandiosa dessa particularidade encontra-se na disposição da construção da Cidade Proibida de Pequim, onde encontramos alguns edifícios que, embora pertencendo, por exemplo, a um conjunto *yang*, desempenham um papel *yin* posto que ocupam a posição Norte[11].

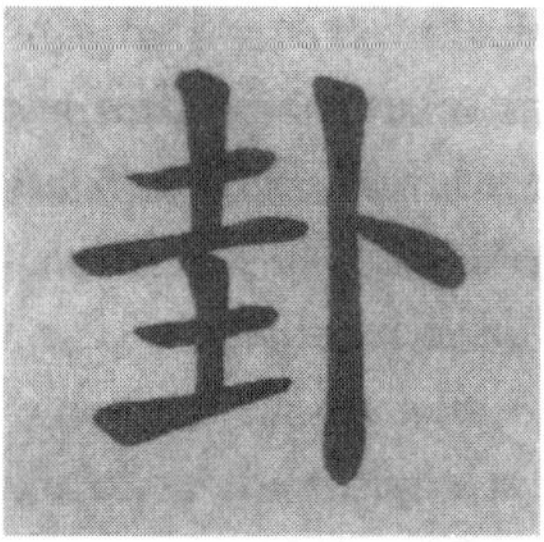

Os hexagramas

Muito familiares para quem as conhece, despojadas demais para aqueles que as descobrem, as figuras lineares do *Yi Jing* são, sob uma aparente banalidade, o fruto de uma criação sem equivalente. Todas as civilizações criaram suas próprias "representações do mundo", mas nenhuma imaginou um sistema como o das figuras do *Yi Jing*, cuja austeridade aparente só se compara à sua sutileza expressiva, e cujo conjunto forma uma impressionante combinatória associando seus elementos com uma precisão de relojoeiro. "Hexagrama" é o nome dado a cada um dos 64 esquemas que resumem uma situação-tipo sob a forma de uma estrutura em seis níveis empilhados uns sobre os outros, preenchidos por traços *yin* ou por traços *yang* e vetorizados de baixo para cima (consultar a tabela dos 64 hexagramas no fim do livro).

Hexagrama, formado por *hexa* (seis) e *grama* (signo, como em *organograma*), não é uma palavra chinesa. É um neologismo inventado pelos jesuítas. Os chineses utilizam um caractere si-

11 Sobre este assunto, cf. Cyrille J.-D. Javary, *Dans la cité pourpre interdite*, Ed. Philippe Picquier, 2001.

multaneamente mais preciso e mais vago: *guà* (卦), ilustrado no início deste tema.

Este caractere é formado por dois elementos: à direita (卜) há a representação das fissuras produzidas sobre as carapaças de tartaruga, e à esquerda (圭) vemos um sinal evocando o ordenamento em duas colunas simétricas dos setores em que eram praticadas as queimadas que produziam essas fissuras. Este conjunto, ao mesmo tempo em que afirma a filiação direta entre as figuras lineares e as operações oraculares da Antiguidade, estabelece sua identidade estrutural, pois ambos são compreendidos como uma série de informações lineares organizadas verticalmente segundo uma estrita lógica posicional.

A razão pela qual os chineses foram os únicos a conceber tal modelo é provavelmente de ordem ideográfica. O hábito de dar um sentido às fissuras os levou a conceber uma escrita formada de traços, a qual, por outro lado, lhes permitiu resumir os arquivos divinatórios nos traços *yin* e *yang*.

Mais que uma etapa nesta evolução, a ideia de representar *yin* e *yang* por traços foi um verdadeiro salto qualitativo. Reduziu o que eram anteriormente apenas 64 capítulos de tamanhos diversos (alguns são três vezes mais desenvolvidos que outros) a um conjunto padronizado, de tamanhos idênticos, cabendo todos em uma única página. Esta "invenção" deu ao cérebro direito uma ferramenta, permitindo ao cérebro esquerdo desenvolver incessantemente possibilidades de organização. Sem esta forma, ao mesmo tempo abstrata e condensada, jamais os diferentes sistemas de análise dos hexagramas, cujas engrenagens são detalhadas no capítulo III, teriam sido elaborados.

Afinal – o que deve ser salientado, pois foi o que tornou o *Yi Jing* universal -, a representação linear dos hexagramas, que fala diretamente aos olhos, permite a todos o acesso direto às diferentes situações-tipo: mesmo aos que não falam a língua chinesa e apesar da barreira cultural.

Materialmente, o *Yi Jing* é um livro que se apresenta frequentemente sob a forma de um sólido volume e às vezes, em chinês, até mesmo em vários volumes. Seu texto original, no entanto, não ultrapassa quatro mil caracteres, ou seja, ele é aproximadamente tão grande quanto uma página de jornal. Contudo, como seu texto é redigido em língua arcaica e em estilo elíptico, ele é bastante hermético. Até mesmo os chineses necessitam, para lê-lo, de uma tradução em língua moderna e, para compreendê-lo, de numerosos comentários explicativos. Estas dificuldades são evidentemente aumentadas quando se trata de uma transposição para uma língua estrangeira.

Ao ler diretamente o texto do *Livro das transformações*, nos confrontamos com sentenças bruscas, ordenadas em um estilo arcaico. A menos que o amador de *Yi Jing* mergulhe nos mistérios desta língua chinesa arcaica, o que demanda um investimento de algumas dezenas de anos, ele ficará à mercê do tradutor, tanto no tocante à abordagem do texto em si quanto para a compreensão dos comentários que o acompanham. Ora, apesar de o *Yi Jing* ter atravessado milênios e continentes, os comentários que o acompanham, tanto na China quanto no Ocidente, foram sempre muito marcados pela ideologia de cada época.

A versão feita por Philastre[12], por exemplo, uma das mais honestas em relação ao texto original, incluiu também os comentários dos irmãos Cheng, pensadores da época dos Song (X-XIII séc.), um período de grande comedimento intelectual devido à desastrosa situação geopolítica. Naquela época, o império estava sendo progressivamente conquistado pelos bárbaros do Noroeste e foi totalmente vencido pelos mongóis, sob a direção de Kubilay Khan, neto de Gengis Khan. Foi também durante esta dinastia que se instalou na China o horrível costume de mutilar as meninas, enfaixando seus pés, sem que jamais algum dos filósofos que discorriam com erudição sobre o *yin* se insurgisse contra essa monstruosidade.

A versão mais difundida no Ocidente, a de Richard Wilhelm, é outro exemplo[13]. Ela foi redigida seguindo os comentários de Lao Nai Xuan, antigo ministro dos ocupantes manchus banidos em 1911 pela república chinesa de Sun Yat-Sen. Por razões que podemos imaginar, este escolheu de se instalar em Qing Dao (Tsing Tao), uma concessão alemã na qual a lei chinesa não era aplicada. R. Wilhelm, como todos os tradutores do *Yi Jing* até bem recentemente (à exceção de Philastre), era um religioso animado pelo espírito missionário e pela lei luterana. O resultado é que sua tradução, por um lado, abunda em pressupostos religiosos embutidos no texto original - completamente estranhos ao pensamento chinês - e, por outro lado, considera como normais os piores preconceitos colonialistas e chauvinistas de sua época. Além disto, algumas passagens são abertamente humilhantes para com as mulheres. Com efeito, sentimos surgir ao longo da obra uma identificação básica cuja estupidez nos deixa hoje sem voz: mulher = pecado = mal. Isto era diretamente proveniente da equação seguinte, corrente à época da dinastia Song: *yin* = escuro = baixo = frio = confusão = mulher, cujos pés, consequentemente,

12 Publicada primeiramente em 1881 nos *Anais* do Museu Guimet e em seguida pela Ed. Maisonneuve de Paris. Seu livro foi reeditado em 1992 pela Ed. Zulma, de Toulouse, com um prefácio de François Jullien.

13 Traduzida do alemão para o francês por E. Perrot, Ed. de Médicis, Paris, 1971. (N. da T.: Este livro também foi traduzido do alemão para o português, publicado pela Ed. Pensamento sob o título *I Ching. O Livro das mutações.*)

deviam ser comprimidos por toda a vida. Podemos imaginar facilmente que termos podem ser evocados como opostos a estas fórmulas lastimosas e compreendemos, então, por que este não foi o melhor ponto de partida para explicar, traduzir e transmitir o propósito do grande livro do *yin* e do *yang*, no qual aprendemos que as estratégias *yin* são duas vezes mais frequentemente lisonjeadas que as estratégias *yang*.

Todavia, que recurso restará ao amador sem conhecimento da língua de Confúcio para se precaver contra as projeções dos comentaristas e dos tradutores? Nenhum, senão o próprio *Yi Jing*, apoiando-se sobre a única parte da obra que não está escrita em chinês, a única diretamente acessível a todos: as figuras lineares.

Pois, apesar destas dificuldades, o *Yi Jing* funciona, o que testemunham inúmeros usuários. Temos então que reconhecer que, a despeito das dificuldades causadas pelas malhas da ideologia e outros obstáculos interculturais, há qualquer coisa que responde com voz clara quando interrogamos o *Yi Jing*.

Confúcio ensinando o *Yi Jing*

五

"Tirar" o *Yi Jing*

A expressão "tirar o *Yi Jing*", corrente entre os amadores dos hexagramas, não é muito adequada. Sua origem vem de um hábito ocidental muito antigo: o de "tirar a sorte". Na Grécia antiga, as escolhas que a razão deixava ao acaso se realizavam por meio de pedras, colocadas em uma ânfora, que "tiravam" do vaso onde haviam sido colocadas: pedras negras para o "não", brancas para o "sim". Na Renascença as cartas que "tirávamos" do maço para nos lerem o futuro alimentaram esse hábito. Mais tarde as crianças "tiravam a sorte com ramos de palha", perpetuando o sentido particular desse verbo. Atualmente, ele é tão associado ao aleatório que o empregamos mesmo quando não "tiramos" nada; por exemplo, quando lançamos ao ar moedas para "tirar cara ou coroa". É por isto que o verbo "tirar" terminou culturalmente associado ao uso do *Yi Jing*, apesar de não se "tirar" nada, visto que as manipulações aleatórias resumem-se em separar e contar as varetas ou ainda lançar moedas. Este engano, por sua vez, contribuiu para relegar o *Clássico* chinês às cavernas do irracional.

Os chineses não "tiram" o *Yi Jing*, eles "calculam" (*suàn*) o hexagrama (*guà*) correspondente à situação. A diferença é notável. Designar as manipulações aleatórias pelo verbo de operações aritméticas marca um ponto de vista radicalmente diferente daquele que nos legaram os antigos gregos. A resposta do *Yi Jing* não é portanto considerada um resultado do acaso, obtida não se sabe de onde, mas sim como sendo construída por aquele que a solicita; é o resultado de um ato totalmente humano e inteiramente racional. Um erudito que interroga o *Yi Jing* não toma suas decisões baseando-se em cara ou coroa, ele calcula sua posição como um marinheiro com o sextante. Em seguida, localiza esta posição num atlas de 64 cartas incorporando informações sobre as distâncias, as correntes, os recifes etc. Em suma, reúne todas as informações concretas que caracterizam sua posição no oceano, juntando os elementos que lhe são próprios: as provisões de que dispõe, o estado de seu navio, de sua tripulação etc. Com isto, ele fica em melhor condição para escolher sua direção e deliberar sobre seu itinerário com melhor conhecimento de causa. No entanto, chegará ele a bom termo? Nada nem ninguém poderá predizê-lo!

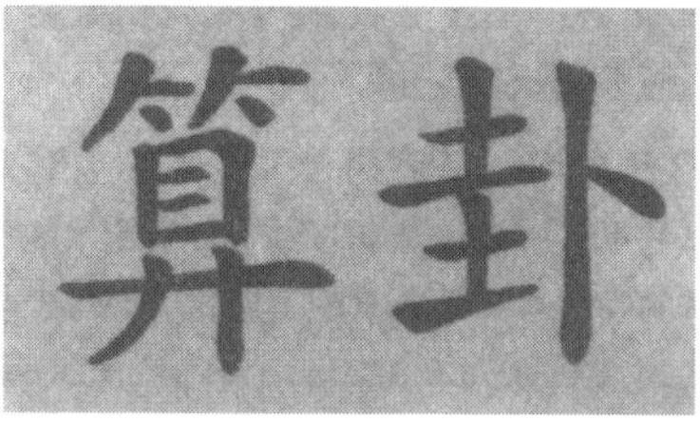

suàn *guà*

CALCULAR HEXAGRAMA

É impressionante a mudança de ótica do uso do *Livro das transformações* quando, no lugar de dizermos (ou pensarmos) "E se eu tirasse o *Yi Jing*?", dizemos: "E se eu calculasse o hexagrama de minha situação?" Percebemos melhor como, para o espírito confuciano, recorrer ao *Livro das transformações* podia representar uma ação legítima por excelência, já que se conjugam harmoniosamente eficácia, moral e razão.

Entretanto, os obstáculos da linguagem existem e, mesmo contrariado, continuarei usando o termo "tiragem" neste livro para descrever o recurso ao *Yi Jing*, pois ainda não existe nenhuma palavra mais prática para descrever o fato de se interrogar o velho *Clássico*.

A QUESTÃO DA PERGUNTA

Não se interroga o *Yi Jing* sem necessidade ou – pior ainda – "só para ver". Não é que ele se ofenda, afinal ele é somente um livro, mas nós seríamos um tanto ridículos. Consultar o *Yi Jing* sem ter uma questão a resolver seria como tirar uma radiografia sem se colocar na frente do aparelho. Uma máquina eficaz funcionará à toa. O funcionamento do *Yi Jing* é análogo a uma tomada de pulso: ela se refere unicamente à pessoa que foi examinada.

A determinação da pergunta é um elemento decisivo da consulta ao *Yi Jing*, pois é nesta formulação que devemos nos concentrar no momento de operar as manipulações que determinarão o hexagrama-resposta. Este não será um resultado improvável, mas sim uma espécie de vista panorâmica da paisagem interior de quem interroga. Podemos compará-lo a um escaneamento da organização *yin-yang* da energia interior de uma pessoa em relação à meta que ela estabeleceu. Um tempo *yin* de interiorização precede à eclosão *yang* da resposta. A reflexão sobre a pergunta nunca deveria ser superficial: quanto mais precisa for a pergunta, mais eloquente será a resposta, isto é, mais explícita será a sua interpretação. Quanto ao resto, nenhum gesto particular, nem ritual específico, nem saudação cerimoniosa são necessários. A única atitude que conta é um certo estado de espírito, um engajamento pessoal que se resume na frase:

Uma pergunta ao* Yi Jing *formula-se sempre com um verbo de ação do qual somos o sujeito.

O emprego de um verbo de ação conjugado na primeira pessoa do singular garante um uso correto do instrumento, pois o consulente ocupa assim uma posição clara em relação a si mesmo e delimita-se com prudência do *Yi Jing*. Esta convenção, menos insignificante do que parece, garante efetivamente a exclusão de todo pedido de informação sobre o futuro ou sobre outrem. Ela obriga sobretudo o consulente a colocar a si mesmo no âmago do que o preocupa de uma maneira ativa e responsável.

A pergunta deve ser formulada por escrito. Não por uma questão de ortodoxia, e sim de harmonia. Com efeito, a pergunta receberá do *Yi Jing* uma resposta escrita e frequentemente formulada, ela também, com um verbo de ação. Quando se escreve uma questão, uma reflexão faz-se em paralelo sobre o que motivou a pergunta. Ao iniciarmos a pergunta com um verbo de ação do qual somos o sujeito, nos implicamos na situação, não nos posicionamos como estando submetidos aos acontecimentos e já nos colocamos em posição de reparação.

Há ainda outra razão que milita em favor da formulação escrita (e datada) da pergunta: damo-nos assim a possibilidade de consultar posteriormente as respostas recebidas. O ideal seria constituir um caderno pessoal de tiragem, tipo um diário de bordo de sua navegação pessoal sobre os fluxos da transformação.

No caso de a pergunta se apresentar sob a forma de uma alternativa, de uma escolha entre duas possibilidades antagônicas, temos que evitar utilizar a partícula "ou" na formulação da pergunta, o que equivaleria a pedir ao livro para tomar uma decisão em nosso lugar. A solução consiste em recorrer ao método da *pergunta dupla*. Essa prática (de fato uma tradição mais antiga que o próprio *Yi Jing*, pois já era assim que se organizavam as interrogações simétricas nas carapaças das tartarugas, ver páginas 19-21) consiste em interrogar sucessivamente cada um dos tipos de dilema no qual estamos aprisionados.

De fato, salvo algumas perguntas precisas sobre uma atitude ou outras perguntas gerais de estratégia, todas as outras questões colocadas ao *Yi Jing* poderiam remeter à *pergunta dupla* sob a seguinte forma:

1. fazer isto?
2. não fazer isto?

Com a prática, percebemos que o uso da *pergunta dupla* nos leva a considerar uma realidade e seu contrário sob circunstâncias completamente novas, o que, antes mesmo da resposta dada pelo *Yi Jing*, já é riquíssimo de ensinamentos.

O ACASO

Uma vez formulada a pergunta ao *Yi Jing*, resta fazer surgir a resposta, isto é, determinar qual das 64 situações-tipo corresponde à situação específica na qual estamos comprometidos. Existem dois métodos: um emprega moedas e, o outro, varetas de vegetais. Ambos utilizam o mesmo ingrediente de base: o acaso. O recurso ao aleatório foi uma das causas principais do opróbrio lançado sobre o *Yi Jing*. O que é uma pena, pois é menos o acaso que está em questão do que a ideia que fazemos dele. No Ocidente, o acaso é aquilo que não está ligado a nada, a nenhuma causalidade. Por isto Descartes o excluiu do domínio da razão: o acaso não era explicável e, sobretudo, não era reproduzível. É no entanto justamente essa última característica que constitui seu valor no Extremo Oriente.

O acaso, na China, é a materialização da qualidade particular do instante. Em vez de ser desprezível, é, muito pelo contrário, bastante apreciado porque ele torna visível a todo instante a configuração que o fluxo do Tao toma espontaneamente quando flui livremente.

Para nós, o símbolo principal do acaso é uma moeda rodopiando no ar. O espírito chinês pensa que essa imagem – que, por outro lado, contribuiu mais ou menos conscientemente para a desvalorização do *Yi Jing*, visto que sua prática pode incluir o emprego de moedas – corresponde apenas parcialmente ao que quer evocar. Ela parece truncada, porque uma moeda não pode permanecer eternamente no ar, acaba caindo sobre uma face ou a outra. É como se nossa dificuldade em qualificar o acaso nos houvesse conduzido a representá-lo, a eleger uma situação impossível.

Quanto aos chineses, sempre pragmáticos, eles pensam que o mais importante no rodopio de uma moeda é a maneira como ela se imobiliza. A face visível, quando seu movimento para, indica, aos seus olhos, a qualidade própria do instante. Para simbolizar o acaso, ao invés de eleger um objeto inanimado, os chineses escolheram um pássaro sofisticado, o melro dourado.

Mensageiros do céu, os pássaros – cujo voo parece isento de qualquer dificuldade – são efetivamente, entre todos os seres vivos, os menos submissos às contingências terrestres. A ideia genial chinesa foi escolher esta imagem de liberdade absoluta para simbolizar a interação perfeita com o instante. Quando vemos os pássaros voando por todos os lugares e onde bem lhes apetece, achamos que eles pousam ao acaso. Os chineses veem isto de outra maneira. Eles pensam, ao contrário, que, como os pássaros podem pousar onde quiserem, eles sempre pousam no lugar exato onde devem. Eles se imobilizam no local mais congruente com o conjunto da situação. Por isto os humanos deveriam imitá-los, como se fossem mestres.

"O melro dourado sabe muito bem se comportar." Ao comentar esta frase do *Livro das odes*, Confúcio acrescentou: "Poderia um ser humano saber menos do que este pássaro?" Saber pousar em qualquer circunstância no lugar correto, adequar sua ação em função da relação entre o objetivo visado e o ambiente que atravessa, este é o ideal do letrado confuciano e a razão pela qual ele

recomenda o uso do *Yi Jing*, cujo "papel é nos ensinar o que os pássaros fazem naturalmente[14]".

Visto sob este ângulo, o acaso deixa de ser um remanescente desprezível das eras pré-lógicas para tornar-se um fundamento racional, uma alavanca que permite ativar a correlação existente entre a situação específica em que nos encontramos e aquelas das sessenta e quatro situações-tipo com que mais se assemelham. Arte da transformação, portanto arte do momento presente, a utilização do *Yi Jing* não admite prova *científica* porque apoia-se precisamente sobre a parte rejeitada pelo método científico ocidental, segundo o qual o que importa é a prova pela repetição em laboratório de que "todas as coisas são sempre iguais"! Entretanto, o uso do *Yi Jing* beneficia-se de outro tipo de reconhecimento que, na visão pragmática chinesa, é igualmente probatório e fundamenta sistemas tão *fantásticos* quanto a acupuntura e a geomancia: a prova pela eficácia. Por exemplo, quando vemos em política a facilidade com a qual uma teoria reconhecida improdutiva como o maoismo das Comunas Populares em 1978 pôde ser abandonada sem nenhum remorso e quase de um dia para o outro, podemos dizer que, se o *Yi Jing* não funcionasse, ele teria sido lançado há muito tempo na lixeira da história.

14 Tomei emprestada esta frase de Claude Larre (que não se refere aí expresamente ao *Yi Jing*, mas aos ritos confucianos). Extraída de sua obra *Les Chinois. Esprit et comportement des Chinois comme ils se révèlent par leurs livres et dans la vie, des origines à la fin de la dynastie des Ming (1644)*, Ed. Lidis Brepols, 1981. Neste livro bastante espesso (660 páginas), o capítulo consagrado ao *Yi Jing* é admirável.

O simbolismo dos números

Os chineses sempre foram loucos por números e ainda hoje os acrescentam em toda parte[15]. Os arqueólogos acham, por exemplo, que a forma linear dos traços dos hexagramas é derivada da simplificação progressiva dos números arcaicos com que os sacerdotes da Antiguidade sintetizavam e classificavam os diferentes tipos de fissuras sobre as carapaças de tartaruga. Reconhecemos no texto primitivo um indício desta origem numérica com a designação "técnica" das linhas *yang* como "9" e das linhas *yin* como "6". Esses números testemunham igualmente um processo de refinamento simbólico análogo àquele que evocam as palavras *yin* e *yang*, cujas linhas dos hexagramas demonstram o funcionamento.

Os dois tipos de linhas *yin* e *yang* receberam nas traduções ocidentais diferentes nomes, todos inadequados tanto uns quanto os outros. Primeiro, porque não traduziram nenhum ideograma particular (os livros chineses contentam-se em dizer: linha *yin*, linha *yang*) e sobretudo porque os termos utilizados induzem a conotações insidiosamente desvalorizantes para o *yin* (fala-se de linhas *rompidas, vazias, frágeis, sombrias, passivas* etc.) e indevidamente gratificantes para o *yang* (linhas *sólidas, plenas, fortes, luminosas, ativas* etc.).

Se em minha tradução do *Yi Jing*[16] escolhi chamar *contínuas* as linhas *yang* e *duplas* as linhas *yin*, não é somente porque estas designações são neutras e sem conotação particular, mas sobretudo porque deste modo elas informam ao mesmo tempo a forma de cada linha e a qualidade básica que cada uma representa: a multiplicidade fecunda do *yin* e a unicidade intensa do *yang*.

Deve-se prestar uma grande atenção precisamente ao aspecto destas representações lineares. Sob

15 Cf. Cyrille J.-D. Javary, *Symbolique des nombres écrits en chinois*, Ed. Signatura, Montélimar, 2008.

16 *Yi Jing, le livre des Changements*, tradução do Texto Canônico comentada com a ajuda de P. Faure, Ed. Albin Michel, 2002.

a aparência de uma sobriedade austera, estas delicadas figuras simbólicas fundamentam sua utilização e explicam os números utilizados para designá-las. Relutantes à ideia do "nada", os chineses evitaram o zero[17]. No lugar desta invenção indiana, eles utilizavam o ideograma *ling* (零), cujo sentido é "chuva extremamente fina". O ponto de partida dos símbolos numéricos é então a unidade fundamental subjacente a todas as formas vivas. Trata-se do número 1 (em chinês um segmento horizontal: —), o traço indiferenciado, o *wu ji* que os praticantes do *Qi Gong* conhecem bem. No entanto, no mundo dos fenômenos, que é onde vivemos, esta unidade comum só se pode manifestar sob a forma da pulsação *yin-yang*. Por isto o 1 está, de certa maneira, um pouco *aquém* do mundo; e em consequência o primeiro número verdadeiramente *real* é o 2. Um provérbio diz sem rodeios: "Tudo sempre começa por um tempo *yin*." Aliás, o *yin* não é sempre citado primeiro? Vocês já ouviram falar de *yang-yin*? Não, dizemos sempre *yin-yang*. Por isso, foi atribuído ao *yin* o símbolo numérico 2 e como símbolo gráfico a linha *dupla*. Na sequência, o *yang* recebeu como símbolo numérico o 3, e como imagem gráfica a linha *contínua*.

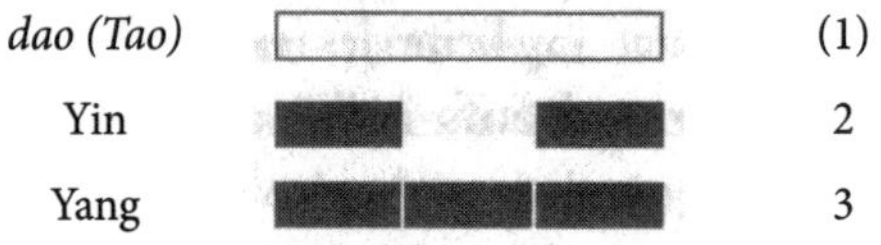

Colocadas uma abaixo da outra e nesta ordem, as linhas constitutivas dos hexagramas revelam particularidades tão importantes que é surpreendente que elas não tenham sido evidenciadas com maior frequência. Por exemplo, o fato de o 3, e não o 1, ter a função de símbolo numérico do *yang* torna-se compre-

17 A ausência do zero na escrita e no imaginário chinês, assim como, de um modo geral, o valor simbólico dos algarismos na tradição e na vida chinesa são tratados em Cyrille J.-D. Javary, *Symbolique des nombres écrits en chinois, op. cit.*

ensível unicamente quando dividimos o traço contínuo em três segmentos. A partir desta constatação, o que não é de somenos importância, as duas polaridades cessam de ser valores opostos, radicalmente diferentes e antagônicos por natureza, para se diferenciarem apenas pelo segmento central. Se este estiver vazio, o *yin* está representado, se estiver cheio, é o *yang*. Esta representação abre horizontes que modificam várias ideias preconcebidas.

Por exemplo, a transformação do *yin* em *yang* ou vice-versa deixa de ser uma mutação misteriosa, uma reviravolta de natureza, uma mudança de "sexo", para se tornar uma inversão normal, afetando apenas um terço da linha. É outra maneira de afirmar o que o caractere "transformação" (*Yi*) revelava em seu segundo sentido: "simples, fácil". Mas isso não é tudo. Esta divisão da linha contínua em três segmentos torna visível a presença do *yin* no interior do *yang*.

Explica-se assim por que *yin* é o primeiro, não somente cronologicamente como também ontologicamente. À vista desta ilustração, aparece que o *yin* está sempre ali, até mesmo dentro do *yang*. Ele pertence à ordem da estrutura. Ao contrário da costela de Adão, é o *yang* que nasce do *yin*, quando o terço médio é preenchido e torna indiscernível a estrutura binária da linha *yin*. O *yang* então, engolindo seu orgulho, torna-se uma espécie de acréscimo, uma superestrutura que, ao recobrir o *yin*, obstrui a visão da permanência do mesmo, um pouco como, durante o dia, o sol impede que se vejam as estrelas, embora estas estejam sempre presentes no céu.

A relação entre *yin* e *yang*, que nosso pensamento imagina ser tão regular e harmonioso quanto as duas gotas negra e branca do *Tai Chi Chuan* (o desenho da Grande Inversão), toma um outro sentido: abandona o equilíbrio cartesiano para tornar-se sutilmente sobreposta. O *yin* encontra-se na duração e na permanência, e o *yang*, no movimento e na mudança.

Enfim, a observação das variações do terço central nos permitirá visualizar o ritmo da transformação incessante manifestada pelo refinamento das linhas mutantes.

As linhas mutantes

Imaginar imutáveis as linhas dos hexagramas seria considerar *yin* ou *yang* como atributos fixos e suas representações como dados estáticos. A multiplicidade do *yin* está relacionada com a forma dupla da linha. E a linha contínua não é *yang* por essência; é a sua natureza *yang* que se manifesta através de sua continuidade. Ora, no mundo da transformação esta natureza é forçosamente transitória. Encontramos no *Grande comentário* uma descrição do *yin* e do *yang* em termos de movimento que reflete claramente o que as linhas nos sugerem, mais do que o que elas nos mostram:

> *"O movimento de abertura da porta é chamado* kun *(hexagrama 2, formado somente de linhas* yin*); (o movimento de) fechamento da porta é chamado de* qian *(hexagrama 1, formado somente de linhas* yang*). Um fechamento/uma abertura (esta batida) é chamado transformação; esse vai e vem inesgotável garante a penetração do sopro vital em cada um dos dez mil seres.*[18]"

Este balé de abertura e fechamento é representado exatamente no interior da matriz das linhas, sempre pela variação do terço central. Examinemos primeiro a linha contínua: animada pelo movimento de extensão centrífuga característica do *yang*, ela se alonga criando um vazio em seu centro, como uma porta que começa a se abrir. Quando esta lacuna é consumada e alcança as extremidades da linha, ocorre uma mudança na forma da linha: ela deixa de ser contínua e se separa em duas; o *yang*, que chega ao extremo de sua extensão, transforma-se em *yin*.

Todavia, tão logo se torna dupla, a linha anima-se com o movimento de contração centrípeta característica do *yin*. As extremidades do terço central começam a se aproximar uma da outra, como uma porta que se fecha. Finalmente, no momento em que se encontram, uma outra mutação se opera, e a linha se torna contínua: o *yin* que atinge o extremo de seu movimento de condensação transforma-se em *yang*. E imediatamente uma nova linha *yang* começa a se alongar, preparando então a mutação que logo a transformará novamente em *yin*.

Menos abstratos do que parecem e mais animados do que pensamos, os símbolos lineares do *Yi Jing* não apenas nos oferecem a ocasião de perceber esta incessante batida cadenciada que anima tudo o que vive, mas também nos permite precisar o seu ritmo. Este se divide em dois períodos de duração totalmente desiguais: maturação lenta e mutação brusca.

Este compasso, que se encontra em todas as transformações afetando os sistemas vivos, se explica pelo fato de que, durante

18 *Yi Jing, Grand commentaire* (*Xi Ci*), livro I, parágrafo 10. Note-se que aqui também o *yin* é enunciado antes do *yang*.

todo o período em que cada tipo de linha se estende para o seu oposto, levada pelo dinamismo que lhe é próprio, ela conserva todavia sua forma característica. A linha *yin*, enquanto suas duas metades aproximam-se uma da outra, permanece dupla. Quanto à linha contínua, enquanto a fenda que se forma em seu centro não atingir as extremidades, ela permanece uma única peça. E de repente, em uma fração de segundo, tudo muda de uma só vez. A linha *yang* divide-se; a linha dupla, através do contato de suas duas metades, torna-se contínua. E cada uma das linhas de cada hexagrama é constantemente submetida a esta síncope incessante

Apesar de o momento da mutação ser breve, súbito e silencioso, a agitação que ele provoca não passa despercebida. Mesmo se uma única linha muda de natureza, todo o equilíbrio interno do hexagrama é modificado, *a fortiori*, quando o processo de mutação se aplica a várias linhas ao mesmo tempo. Compreendemos então que maturação e mutação não requerem a mesma estratégia. Uma situação que se desenvolve sem problemas durante um certo período não é gerida da mesma maneira que outra que está prestes a balançar. A segunda requer mais precaução e uma estratégia mais refletida que a primeira. Assim, depois de ter criado o *yin* e o *yang* para demarcar o ponto em que se encontravam na transformação, os letrados da Antiguidade refinaram o uso destes conceitos, criando procedimentos aleatórios que, além de permitir determinar a natureza *yin* ou *yang* de cada uma das seis linhas do hexagrama-resposta, permitiam precisar em que momento do ciclo maturação-mutação se encontrava cada uma das seis linhas componentes.

Então, estabeleceu-se uma distinção fundamental entre dois tipos de linha: aquelas que são "obtidas" pouco antes de viverem uma mutação e que, por essa razão, chamei de linhas "mutantes" e as outras que acabam de ser produzidas por uma mutação e que, por isso mesmo, eu chamei de linhas "nascentes". Estas últimas são definidas na maior parte dos livros como "não mutantes", o que é uma noção incompleta (por que razão elas não se alteram?) ou, pior ainda, como linhas "estáveis", o que é particularmente inadequado ao *Livro das... transformações*.

As linhas nascentes vão desenvolver-se sem mudar de natureza durante todo o período definido pela pergunta. Elas encubam lentamente sua mutação futura e para tal não necessitam de disposições particulares. As linhas mutantes, ao contrário, anunciam um retorno completo e indicam momentos que requerem uma atenção em alerta e estratégias particulares. É por isso que parágrafos específicos são dedicados a elas no texto original, os que começam pelas indicações: um 9 (ou um 6) na primeira linha, na segunda linha, na terceira etc. Nós vamos ver por quê.

As manipuilações aleatórias

Entre os dois métodos utilizados para selecionar o hexagrama-resposta, o método das varetas exige alguma habilidade manual para ser aplicado e deve ser explicado com alguma sutileza. O método das moedas é simplista, fácil de aplicar e simples de explicar, qualidades suficientes para torná-lo muito popular na China desde os Song e em todos os outros lugares há mais de um século. Vamos começar por este último método, porque com ele podemos retomar certos elementos que definimos previamente.

O método das moedas

Utilizamos três moedas para aplicá-lo. Qualquer moeda pode servir, mas é preferível que todas sejam semelhantes e de bom tamanho para evitar que rolem demais ou caiam no chão quando as utilizarmos.

Antes da manipulação, deve ser atribuída a cada um dos lados dessas moedas uma natureza *yin* ou *yang*, manifestada por um valor numérico constante. Nenhuma justificativa teórica ou tradicional privilegia a associação do *yin* ou do *yang* com a cara ou a coroa. Simplesmente porque as moedas chinesas nunca possuem o desenho da "cara" do soberano que as emitiu, como foi o caso, por exemplo, dos nossos "luíses" de outrora[19]. Qualquer convenção pode funcionar, contanto que ela seja respeitada do início ao fim da tiragem. Por exemplo, esta aqui:

Coroa	corresponde ao *yin*	e vale 2
Cara	corresponde a *yang*	e vale 3

Uma vez definida esta codificação, as manipulações podem começar. Concentrando-se na pergunta, agitamos as 3 moedas nas duas mãos juntas em concha. Quando sentirmos que chegou a hora, abrimos as mãos e deixamos as moedas cairem sobre uma superfície plana. O uso de uma toalha pode ser útil; primeiramente do ponto de vista prático, para evitar que as moedas rolem para fora da mesa[20], mas também, em uma perspectiva mais simbólica, para delimitar um espaço específico, consagrado a algo momentaneamente importante, dentro de uma superfície normalmente usual.

Verificamos então de qual lado cada uma das três moedas caiu e adicionamos os valores atribuídos à cara e à coroa para determinar a natureza *yin* ou *yang* e a qualidade mutante ou nascente da linha. Quatro casos são possíveis:

coroa	*coroa*	*coroa*	2 + 2 + 2 =	6	Par	*yin* mutante
cara	*coroa*	*coroa*	3 + 2 + 2 =	7	Impar	*yang* nascente
coroa	*cara*	*cara*	2 + 3 + 3 =	8	Par	*yin* nascente
cara	*cara*	*cara*	3 + 3 + 3 =	9	Impar	*yang* mutante

19 Era inimaginável posicionar o rosto do soberano virado para a terra; portanto, este lado da moeda ficava sempre voltado para cima quando se empilhavam moedas. (N. da T.: O autor explica aqui, em francês, por que o *yang* é preferível à posição de "cara" em uma moeda enquanto o *yin* ocupa a "coroa", levando em conta que estas duas palavras em francês são respectivamente *face* (cara) e *pile* (coroa). No original: *Comme il n'était pas imaginable que le visage du souverain soit posé **face** contre terre, c'était toujours ce côté que l'on mettait sur le dessus lorsqu'on rangeait les pièces en **piles**.*

20 Se isto acontecer, a pessoa interessada deve decidir se considera o lance válido (e nesse caso ela anota o resultado obtido) ou se ela retoma a operação e lança novamente as 3 moedas juntas ou ainda unicamente aquela que caiu fora da mesa.

Durante todo este processo é importante manter-se concentrado na pergunta. Observa-se então simplesmente o resultado obtido e retomam-se em seguida as moedas para realizar os outros cinco lances necessários. Concluída esta fase, podemos passar à elaboração do hexagrama-resposta. Retomamos os seis números obtidos, que devem ser anotados em colunas, uns acima dos outros, começando por baixo. Devemos traduzi-los a seguir em linhas duplas ou contínuas.

DE BAIXO PARA CIMA

Os chineses têm em alta estima o princípio da analogia. Pensam que os semelhantes funcionam conforme princípios análogos. Já baseados nesta idéia, outrora, haviam escolhido a tartaruga para consultar a qualidade energética do momento. Após isto, eles estenderam a aplicação desse princípio ao defender que, para ser considerado eficiente, o símbolo deve aplicar em si mesmo a lei que o representa.

Assim, os hexagramas, que são símbolos do funcionamento de todas as coisas vivas, se desenvolvem como todas as coisas vivas, ou seja, crescendo de baixo para cima. Esta vetorização – particularmente marcante para pessoas que até muito recentemente escreviam em colunas de cima para baixo – é um elemento essencial na estruturação dos hexagramas e na elaboração dos métodos de análise, graças às quais as engrenagens internas do *Yi Jing* alcançaram uma perspicácia e uma complexidade espantosas.

Encontramos também uma aplicação deste princípio de analogia no signo através do qual distinguimos as linhas mutantes das linhas nascentes: um O para as linhas mutantes contínuas e um X para as linhas mutantes duplas. O X deve ser imaginado como duas pontas de setas que o movimento centrípeto das duas metades da linha *yin* tende uma para a outra, justo no momento em que vão entrar em contato. Quanto ao O, ele é a imagem do vazio em vias de aumentar, que vai crescendo até provocar a divisão da linha em pleno interior do terço central.

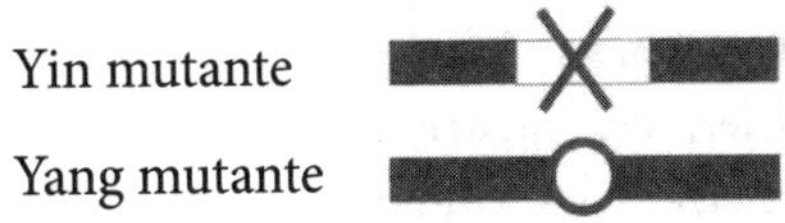

A associação dos algarismos 7 e 8 com a qualificação de "nascente" e de 6 e 9 com a de "mutante" resulta de uma dupla apreciação: uma diretamente visível, outra decorrente da aplicação do princípio da analogia. Examinemos o caso em que as 3 moedas tenham caído do mesmo lado. Não se pode dizer que houve mais caras que coroas e vice-versa, pois obteve-se o máximo possível de cada uma. Ora, segundo a dinâmica chinesa toda culminância provoca uma mutação. É por isso que os valores 6 e 9 representam as linhas "mutantes". Ao contrário, se apenas uma das três moedas houver caído sobre o lado *yin* ou *yang*, ficam restando dois espaços a ocupar antes de se alcançar a culminância. Trata-se portanto da situação de uma linha "nascente" que deve crescer, mantendo durante certo tempo a mesma natureza. 7, que é um número ímpar e vai se estender até o 9, representará o *yang* nascente; quanto ao 8, que é um número par e vai se concentrar até o 6, é o Yin nascente.

E não é só isto. Quando estão dispostos na cruz sazonal, esses algarismos representam uma organização inédita do sistema das mutações. Nesta matriz, que serve ao mesmo tempo de bússola, relógio e calendário, esses quatro algarismos encontram facilmente seus respectivos lugares: as culminâncias nos solstícios e as passagens nos equinócios. O 9, o ímpar mais extenso, está no zênite; o 6, o par mais concentrado, no nadir; o 7 posiciona-se no nascente e o 8, no poente.

Esta distribuição determina assim dois setores em relação a uma diagonal N-E/S-O. De um lado o setor *yang*: 7 e 9, Este e Sul, primavera e verão. De outro, o setor *yin*: 8 e 6, Oeste e Norte, outono e inverno. Cada um é caracterizado por um dinamismo em relação analógica com sua natureza: no setor *yang* os números se *estendem* do 7 até o 9, e no setor *yin* eles se *contraem* do 8 até o 6. O eixo que os separa marca uma espécie de fronteira cuja travessia do Norte-Este (passagem do tempo *yin* ao tempo *yang*) é realizada por uma ligeira progressão do 6 para o 7, e do Sul-Oeste (passagem do tempo *yang* para o tempo *yin*) por um ligeiro declínio do 9 para o 8. Estas variações também são significativas, na medida em que a diferença do nascimento à culminância é de duas unidades (o número dos lados das moedas que separam nascente de mutante) e a diferença da culminância ao nascimento é de uma unidade, análoga ao preenchimento ou esvaziamento do terço central das linhas.

A cruz numérica

Finalmente, notemos que é sobre este eixo que são celebradas as duas mais importantes festas tradicionais chinesas. Primeiramente, no Nordeste, em torno do início de fevereiro, a festa que nós chamamos de Ano Novo e que os chineses chamam de "Festa (da chegada) da Primavera", que marca o início dos tempos *yang*. A seguir, no Sudoeste, seis meses e meio mais tarde, em meados de agosto, a festa da "Lua Cheia de Outono", que inaugura os tempos *yin*.

MÉTODO DAS VARETAS OU DAS HASTES DE AQUILEIA

O método das moedas, embora sendo o mais usual tanto na China quanto no Ocidente, apresenta dois graves defeitos. O primeiro é a sua modernidade, e o segundo, que por sua vez também é a chave de seu sucesso, é a sua rapidez. O método das moedas é moderno, sim, mas esta palavra toma um sentido um pouco particular em uma civilização tida como muito antiga. Crê-se que foi desenvolvido no final da dinastia Tang, há cerca de um milênio, o que é considerado muito pouco tempo pela população das margens do rio Amarelo. Quanto a sua incontestável rapidez, esta qualidade – fetiche do nosso mundo atual – é inadequada aqui por duas razões. Primeiro, porque a urgência não é a condição ideal para se recorrer ao *Yi Jing*. Em seguida, e principalmente, porque as manipulações ultrarrápidas não nos deixam o tempo necessário para nos acalmarmos, nos recolhermos e nos concentrarmos em nossa interrogação.

O método das varetas não apresenta nenhum desses defeitos: é preciso tempo para utilizá-lo, e o método é muito tradicional, mesmo para os chineses (crê-se que sua implementação deu-se no início do último milênio antes da nossa era). Por tudo isso, a que se acrescenta uma qualidade suplementar raramente salientada, deveríamos dar-lhe a preferência sempre que possível.

Para utilizá-lo é necessário dispor de 50 hastes vegetais semelhantes às do jogo pega-varetas (ou *mikado*[21]), relativamente retas e suficientemente longas e finas para poderem ser retidas sem esforço em uma única mão. Os antigos chineses utilizavam a aquileia (o que é confirmado por um caractere repetido duas vezes no *Texto canônico* e uma frase do *Grande comentário*[22]). Seria esta, no entanto, uma razão suficiente para obrigar-nos a imitá-los?

A aquileia é uma planta comum, uma erva medicinal que cresce ao longo de todos os caminhos de Brest a Beijing.[23] Assim, se analisarmos as razões da escolha dos antigos chineses, podemos cogitar se, justamente, ela não foi eleita por se tratar de uma planta relativamente fácil de se encontrar. A questão agora é saber, em nossa época, como seguir esta recomendação. A escolha fica entre ser tradicionalista, ou seja, ligado à tradição ao pé da letra, ou apenas inspirar-se em seu espírito. No primeiro caso, é necessário adquirir as verdadeiras hastes de aquileia, uma tarefa difícil para os habitantes das cidades modernas. Se, ao contrário, preferirmos respeitar o espírito da comodidade que parece ter prevalecido na escolha desta planta, podemos optar por usar espetos de bambu, que encontramos agora em toda parte.

Uma vez formulada a pergunta e as varetas retiradas do estojo, o melhor é começar pela recontagem das mesmas. Mesmo que elas só sirvam para interrogar o *Yi Jing*, sendo imediatamente guardadas após cada utilização, esta operação não é supérflua, e sim uma precaução útil que garante a validade das contagens subsequentes e, por conseguinte, a exatidão da resposta final. E isso é um pré-requisito (*yin*), um sedativo que acalma a mente, uma espécie de antessala que permite passar da agitação do mundo exterior à concentração interior que requer o sucesso de uma interrogação ao *Yi Jing*.

---

21 Esta comparação não é um fruto do acaso. O pega-varetas (em japonês, *mikado*) é um jogo de destreza derivado das manipulações das varetas de *Yi Jing* que, como seu nome original indica, chegou a nós pelo intermédio do Japão.

22 Julgamento dos hexagramas 4 e 8 e *Grande comentário*, livro I, capítulo IX.

23 N. da T.: Brest é uma cidade situada no extremo oeste da França. Com esta comparação, o autor informa que esta planta é usual em toda a extensão do continente eurasiano.

As manipulações começam em seguida por um gesto igualmente *yin*, que é o de retirar uma vareta do conjunto e colocá-la à sua frente horizontalmente. É como se escrevêssemos o ideograma do número 1, simbolizado por essa vareta, que não participará das operações ulteriores. Ela manifesta, por sua simples presença, a unidade subjacente comum a todas as coisas vivas e, ao mesmo tempo, imperceptível a nível material.

Reunimos em seguida as 49 varetas restantes em um feixe que seguramos com a mão para depois separá-las em dois grupos usando o polegar. Depois do Um colocado à parte, o Dois é revelado por este gesto: o *yin-yang*. Isto porque, tendo partilhado um número ímpar de varetas, os dois grupos resultantes são necessariamente constituídos um por um número par de varetas, e outro por um número ímpar. Baixamos então na mesa um dos dois feixes. Retiramos depois uma vareta do feixe que ficou seguro na mão e a inserimos entre o anular e o dedo mindinho. Após o Um e o Dois, é o Três que agora aparece, manifestando respectivamente as três instâncias que operam no universo: o Céu, a Terra e o Ser Humano.

Símbolo da dignidade que o pensamento *yin-yang* confere ao Ser Humano, tratado como um ator do mesmo nível que a Terra e o Céu, esta terceira vareta denota igualmente o humor e o realismo chinês. Tais como esses minúsculos personagens que vemos em quadros de paisagens, caminhando entre imensas montanhas ou contemplando cascatas vertiginosas, esta única vareta nos permite avaliar com moderação e humor nossa verdadeira participação em nosso próprio destino: 1/49, ou seja, em torno de 2 %.

Dispomos então na mesa o feixe que vínhamos mantendo em mãos para pegar o outro, que vamos ter que contar. Doravante, cada vez que uma operação tiver sido realizada com um grupo de varetas, este será colocado na mesa e substituído pelo outro de modo a evocar o ritmo incessante do balanço *yin-yang*. Para contar o feixe que acabamos de pegar, removemos as varetas de quatro em quatro, fazendo então surgir o Quatro, emblema da materialização das estações, pelas quais se manifesta, no nível humano, a ação Céu-Terra. Removemos as varetas de 4 em 4 até que não restem mais que 4, 3, 2 ou apenas uma. O restante, que constitui o primeiro "resto intermediário", é inserido entre o dedo anular e o dedo médio. Colocamos de lado o feixe que acabamos de contar e pegamos o outro na mão para ser contado da mesma maneira. Quando restam apenas 4, 3, 2 ou uma única vareta, separamos este novo saldo, o segundo "resto intermediário", e o inserimos entre o dedo médio e o indicador da mão que já está segurando o primeiro. Juntamos então em um só grupo todas as varetas que foram colocadas entre os dedos: este é o primeiro "grande resto". Colocamos o mesmo na nossa frente, em cima da vareta única que havia sido retirada no início. Por simples razões aritméticas, este primeiro "grande resto" só pode comportar 9 ou 5 varetas. Esta informação permite verificar se as manipulações foram executadas corretamente para, se não tiver sido o caso, repetir-se o procedimento desde o início.

Definido o primeiro "grande resto", reunimos as varetas restantes em um só feixe e recomeçamos as operações anteriormente realizadas: separamos em dois feixes, colocamos uma vareta entre o dedo mindinho e o anular, contamos de 4 em 4 as varetas do primeiro feixe, obtemos o primeiro "resto intermediário" contendo no máximo 4 varetas, contamos o outro feixe, separamos o segundo "resto intermediário" e juntamos esses dois restos à vareta única que temos em mãos para formar o segundo "grande resto". Este segundo resto, também por razões aritméticas, pode conter unicamente 4 ou 8 varetas, que colocamos ao lado do primeiro resto (sem os misturar, para podermos verificar com uma olhada em que fase estamos do procedimento).

Definido o segundo "grande resto", reunimos novamente as varetas restantes e recomeçamos pela terceira vez a sequência de operações de divisão e de contagem. Tal qual o segundo, o terceiro "grande resto" pode conter unicamente 4 ou 8 varetas, que iremos posicionar ao lado dos dois primeiros restos.

Reunimos então os 3 "grandes restos" para formar o "resto final", que vamos contar igualmente de 4 em 4. Para este resto final, apenas 4 valores numéricos são possíveis, os quais determinarão a natureza (*yin* ou *yang*) e a qualidade (nascente ou mutante) da primeira linha que acabamos de obter. Como fizemos com as moedas, anotamos o resultado e recomeçamos todas as manipulações desde o começo para determinar as 5 outras linhas do hexagrama-resposta (à exceção da 50ª vareta, que continua separada sobre a mesa). Finalmente, transformamos esses 6 números que escrevemos cuidadosamente em uma coluna, de baixo para cima, em uma figura linear aplicando a seguinte codificação:

25 = *yin* mutante
21 = *yang* nascente
17 = *yin* nascente
13 = *yang* mutante

Estes números receberam explicações complexas totalmente absurdas, pois, ao contrário, eles são justamente um belo exemplo da simplicidade e do pragmatismo chinês. O mal-entendido veio do fato de se procurar a todo custo dar uma significação simbólica a números que nada significam, que são usados por uma simples razão de facilidade. Os números obtidos após a contagem representam o resto final de uma partilha efetuada a partir das 49 primeiras unidades. Cada resto final tem como complemento o saldo das 49 varetas, ou seja, o monte que nós não contamos. É justamente neste monte que se encontram os números que têm uma real significação simbó-

lica. Simplesmente, como em ¾ dos casos o número de varetas deste monte é maior do que o do resto final, o pragmatismo chinês preferiu referir-se ao resto final para efetuar a subtração. Se examinarmos o saldo, sua significação simbólica reaparece imediatamente e encontramos os mesmos símbolos numéricos que mais tarde serão aplicados às linhas do *Yi Jing* e às manipulações das moedas.

	Resto final		**Saldo**			Resultado		
49 menos...	25	=	24	=	4 multiplicado por... (4 é o número de estações)	6	símbolo do...	*yin* mutante
	21		28			7		*yang* nascente
	17		32			8		*yin* nascente
	13		36			9		*yang* mutante

III

Analisar a resposta

As respostas do *Yi Jing* às vezes surpreendem, mas sempre ajudam, nem que seja pelo diálogo que se instaura entre nós e nosso inconsciente. O clique que começa com a formulação da salutar pergunta continua com o exame da resposta. Só que pesquisar diretamente a resposta nos textos pode ser um exercício insatisfatório, pois nos deparamos com uma profusão reluzente de imagens arcaicas e de sentenças lapidares em que o simbólico compete com o exótico. Quando as referências habituais tornam-se inoperantes ou – pior ainda – erradas, é importante dispor de um método global de análise.

Este método, eu o adaptei dos textos chineses, o experimentei e o ensino há mais de vinte anos no Centro Djohi[24]. Baseia-se exclusivamente nos elementos que o próprio *Yi Jing* põe à disposição de todos: as figuras lineares. Nele, dá-se uma importância primordial a esses dados incontestáveis, antes mesmo de se proceder à análise dos textos. Baseada no exame de elementos objetivos, esta abordagem das respostas do *Yi Jing*, longe de tentar sobrepor um conjunto de receitas ao espírito intuitivo, tem como objetivo oferecer à intuição pessoal garantias racionais de maneira que ela possa desenvolver seu pleno poder indutivo sem se perder nas estepes da imaginação.

Os textos são consultados, é claro, porque são indispensáveis, mas eles funcionam como uma espécie de refinamento, de confir-

24 O Centro Djohi é uma associação para o estudo e o uso do *Yi Jing* que pode ser contatada através de seu *site web* (www.djohi.org) ou pelo seu endereço postal (3 bis, rue des Gobelins, 75013 Paris – França). (N. da T. : Djohi é uma associação à qual qualquer pessoa interessada pelo *Yi Jing* pode aderir. Ela organiza diversas atividades sobre o tema do *Yi Jing* nos países francófonos da Europa – França, Bélgica e Suíça – além de reuniões anuais de estudo com seus membros. Publica periodicamente uma *newsletter* enviada por *e-mail* aos membros.)

mação das informações e aconselhamentos obtidos da constelação dos hexagramas que formam os elementos da resposta. Aliás, é curioso que este método de análise, embora de princípios tão simples, tenha permanecido ignorado por tanto tempo no Ocidente, apesar de a maioria de seus elementos encontrar-se em todas as obras chinesas sobre o assunto. É verdade que, embora tivesse tido conhecimento sobre o assunto, Richard Wilhelm não abordou o tema, deixando seus leitores à mercê de seus preconceitos. Entre os autores franceses, apenas o saudoso Jean-Philippe Schlumberger, apesar de não conhecer o chinês, encontrou intuitivamente os elementos e utilizou-os sistematicamente em sua obra[25]. Este método é dividido em duas partes desiguais: a análise e a interpretação.

A análise é a identificação e a classificação de todas as informações inferidas dos diferentes hexagramas que constituem a resposta. É a parte *yang* (centrífuga), aquela que inclui a maior parte de acumulação de informações de todos os tipos, tanto sobre as próprias figuras quanto sobre a rede de conexões tecida entre elas.

A interpretação consiste em interligar os elementos de análise e costurá-los de maneira a determinar sua organização e sua hierarquização global a fim de destacar o eixo principal da resposta. Esta é a parte *yin* (centrípeta) do processo, a decantação a partir da qual, por eliminação das informações não adaptadas à pergunta – as que só correspondem a um aspecto da resposta –, terminamos encerrando em uma frase o conselho particular dado pela tiragem.

No fim das contas, vemos que, para implementar esta maneira de decodificar as resposta do *Yi Jing*, basta familiarizar-se com cada uma das 64 situações-tipo e suas diversas ramificações, uma prática que não ocorre por magia; ao contrário, este é o resultado de uma prática assídua e paciente, como é necessário para tudo o que é chinês.

25 J.-P. Schlumberger, *Yi King. Principes, pratique et interprétation*, Ed. Dangles, 1988. (N. da T.: Esta obra foi publicada no Brasil pela Ed. Pensamento sob o título *I Ching. Princípios, prática e interpretação*. Este livro está esgotado mas ainda encontram-se alguns volumes em livrarias com venda pela internet.)

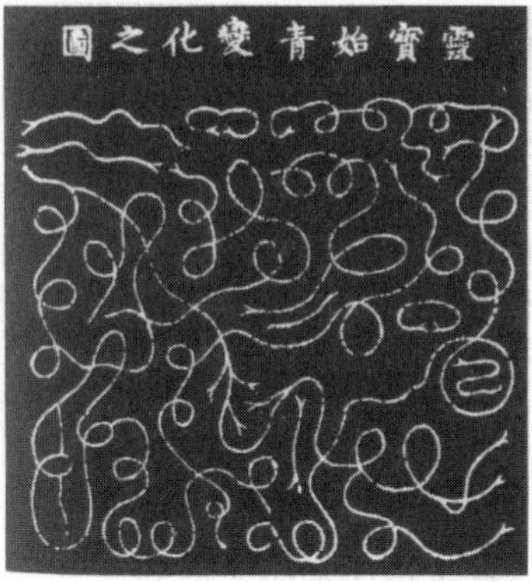

TALISMÃ TAOISTA

OS PRIMEIROS DADOS DA RESPOSTA

Geralmente, uma vez concluídas as operações aleatórias, nos apressamos a transformar a coluna de números obtidos em um hexagrama. Na maior parte do tempo, o hexagrama-resposta é reduzido a algumas linhas rabiscadas em um canto da folha. Em vez de tomarmos um tempo para examiná-lo, debruçamo-nos febrilmente sobre a tabela que compõe os hexagramas para em seguida consultar o que um tradutor pensa de nossa própria situação.

Ainda temos que perceber a quantidade de informações e reflexões que podemos tirar a partir da observação atenta, de uma simples linha contínua ou dupla. E quantas mais, se pensarmos na organização das seis linhas de um hexagrama inteiro! Por isso, em vez de seguir os passos de outrem, não seria melhor começar pela apropriação pessoal da resposta fornecida pelo *Livro das transformações?* Antes de mais nada, uma abordagem visual direta dos dois hexagramas que ilustram o resumo desta resposta: o hexagrama de situação e o hexagrama de perspectiva. Para tanto, é bom adquirir o hábito de desenhá-los o maior e o melhor possível[26].

26 O Centro Djohi criou um formulário para reagrupar a maioria das informações necessárias à análise de uma resposta do *Yi Jing*.

O hexagrama de situação (本卦, ben guà)

É o mais importante de todos, pois, como indica o seu nome em chinês (literalmente "hexagrama raiz"), ele é o fundamento da resposta que oferece o *Yi Jing*. Radiografia da organização energética do consulente no momento da pergunta, o hexagrama de situação, que é a figura obtida pela tradução dos números 6, 7, 8 e 9 em linhas duplas ou contínuas, depende inteiramente da pessoa que interroga o *Yi Jing*. É o ponto focal da resposta. Todas as outras figuras que os diferentes métodos de análise identificam servem para apurar o significado (hexagrama de perspectiva) e para facilitar a compreensão geral (hexagrama oposto, hexagrama(s) derivado(s), hexagrama nuclear).

O hexagrama de situação não é de fato o único resultado das manipulações aleatórias. Já vimos como o princípio da transformação perpétua, ao aplicar-se às linhas do hexagrama, diferencia as linhas nascentes (7 e 8) das mutantes (6 e 9). Então, veio aos antigos chineses a seguinte ideia: visto que as linhas mutantes, por uma espécie de "congelamento da imagem", são capturadas no momento exatamente anterior à mudança, seria lógico examinar a situação com esta mudança operada, ou seja, checar a nova organização *yin/yang* resultada. A resposta global dada pelo hexagrama de situação fica assim complementada por uma segunda figura construída sob a base da transformação de cada uma das linhas mutantes do hexagrama de situação na sua linha transformada, mantendo-se idênticas todas as linhas inalteradas. Assim obtemos o hexagrama de perspectiva.

Hexagrama de perspectiva (之卦, zhi guà)

O hexagrama de perspectiva foi por muito tempo chamado de "hexagrama da mutação", visto que chamávamos o *Yi Jing* o *Livro das mutações*. Tanto em um como no outro caso, *mutação* é uma palavra inadequada por evocar em nossas mentes conotações alquímicas (a transmutação do chumbo em ouro) que nada têm em comum com o

espírito confuciano do *Yi Jing*, assim como a ideia de transformações brutais e irreversíveis que não se assemelham em nada aos balanceamentos recíprocos entre o *yin* e o *yang*. Seu nome em chinês (之卦, *zhi guà*, literalmente "hexagrama broto"[27]) ressoa com o do hexagrama de situação, tanto por suas naturezas diversas quanto por sua correlação com o tempo. Considerá-lo em termos de hexagrama de "mutação" conduz quase inconscientemente à idéia de que esta figura descreve o futuro, o resultado da conjuntura representada pelo hexagrama de situação. Sem perceber, ao usar o termo "mutação" reduz-se a utilização do *Yi Jing* a um processo de adivinhação tão estranho à razão de Descartes quanto à moral de Confúcio. Por esta razão, prefiro nomear esta figura "hexagrama de perspectiva", notadamente em razão da gama de significados que esta palavra pode tomar em francês[28].

O hexagrama de perspectiva é um dos grandes refinamentos do *Livro das transformações*. Ele estende consideravelmente o leque de respostas, pois para cada hexagrama oferece 64 perspectivas possíveis. Ou seja, podemos considerar que existe um conjunto de 64 x 64 = 4.096 respostas diferentes! Graças à dupla

27 De acordo com o sentido que o caractere 之 *zhi* tomava em sua forma arcaica.

28 N. da T.: A palavra perspectiva, em francês como em português, tem os mesmos significados.

formada pelos hexagramas de situação e de perspectiva, a sutileza das respostas e a complexidade do sistema do *Yi Jing* assumem outra dimensão. Qualquer resposta corresponde efetivamente a dois hexagramas, mesmo quando o hexagrama de situação contém apenas linhas "nascentes", isto é, nenhuma linha "mutante". Neste caso, o hexagrama de perspectiva é idêntico ao hexagrama de situação. Deparamos então não com um erro do sistema, mas com um caso particular da transformação. Algo como um disco arranhado: o disco gira mas a melodia não avança. A situação encerra em si sua própria perspectiva; as engrenagens da transformação encontram-se momentaneamente imobilizadas. Durante o período definido pela pergunta, nenhuma propensão particular é detectável no interior da situação. Os conselhos dados pelo hexagrama obtido em resposta deverão ser seguidos com paciência.

A grande utilidade do hexagrama de perspectiva é personalizar a apreciação do *Yi Jing* e particularizar a ressonância global entre a pessoa que interroga e o hexagrama que ela obtém em resposta. Realmente, sendo um produto único da transformação das linhas mutantes, o hexagrama de perspectiva depende inteiramente das manipulações aleatórias, isto é, do consulente. Duas pessoas tendo obtido o mesmo hexagrama de situação como resposta global podem tirar conselhos de aplicação completamente diferentes, em função das particularidades dos hexagramas de perspectiva de cada uma.

Ao esclarecer a dinâmica específica indicada na resposta do *Yi Jing*, o hexagrama de perspectiva, como seu nome indica, representa a *perspectiva* pela qual o hexagrama de situação deve ser interpretado. Ele não dá nenhuma indicação sobre o futuro da situação (o que seria pura adivinhação); ele descreve sua propensão, o que é totalmente diferente. A propensão não é nem uma meta, nem um movimento: é uma tensão imóvel apontando uma determinada direção, como uma flecha em um arco esticado. Escolhi a palavra "perspectiva" para nomear este hexagrama por causa do sentido que ela tem em pintura. De fato, esse hexagrama indica o lugar para onde parecem convergir as linhas de força da configuração momentânea, como o ponto de fuga para onde parecem convergir os trilhos da estrada de ferro ou as linhas de um quadro em perspectiva. Enfim, podemos dizer que o hexagrama de perspectiva indica para onde a situação "vai", no sentido em que dizemos que tal estrada "vai" para o mar, mesmo sabendo que as estradas são imóveis! Essa informação, porém, é muito útil para quem quiser seguir esta direção. Não garante um banho de mar, mas ajuda a chegar lá, se isso for o que desejamos, e aconselha uma meia-volta se, ao contrário, tivermos o projeto de escalar uma montanha. O hexagrama de perspectiva não obriga ninguém a "chegar", é apenas uma perspectiva a partir da qual deve ser lida a conjuntura descrita pelo hexagrama de situação.

ANÁLISE VISUAL DOS HEXAGRAMAS

A análise visual dos hexagramas baseia-se unicamente no exame das linhas. Considera-se a proporção global das linhas (particularmente quando há um desequilíbrio), examina-se a distribuição das mesmas na figura (onde estão as linhas *yin* e/ou *yang*: dispersas, concentradas no centro ou distribuídas na periferia?) e sua concordância (ou dissonância) com o nível que ocupam. Observa-se também com atenção especial a relação de cada linha com a função atribuída ao nível que ocupa, assim como a evolução de todos esses fatores em função da mutação do hexagrama de situação em hexagrama de perspectiva.

Todas essas considerações estão baseadas em uma grade essencial: a organização dos hexagramas em seis níveis sucessivos, vetorizados de baixo para cima. Essa disposição das linhas das figuras lineares por níveis, válida para cada um dos 64 hexagramas, quaisquer que sejam as particularidades de sua organização específica, tem como primeira consequência a definição de três níveis "ímpares" e três "pares" em função de suas posições sucessivas. O primeiro nível, o de baixo (nos prédios chineses não há o andar "zero"; nosso térreo equivale ao seu primeiro andar), sendo de nível 1 está associado ao ímpar; o segundo, o nível 2, ao par, e assim por diante. Considera-se então mais harmoniosa a ocupação de cada um desses níveis pelo tipo de força (que é também a estratégia) que lhe corresponde: *yin* para os níveis pares (2, 4 e 6) e *yang* para os ímpares (1, 3 e 5). Existe um único hexagrama em que esta consonância é completa: o hexagrama 63, cuja significação global é... "tudo está no lugar". Todos os outros, e em particular os hexagramas 1 e 2, formados unicamente de linhas *yang* e *yin*, são imperfeitos, o que é característico das situações que vivemos diariamente.

HEXAGRAMA 63

Na análise de uma resposta do *Yi Jing*, é sempre interessante comparar a disposição das linhas do hexagrama de situação com as do hexagrama TRAVESSIA REALIZADA (63). Primeiramente para descobrir diretamente os níveis que divergem desta consonância *yin/yang*, e depois para medir se a(s) mutação(ões) selecionada(s) pelas manipulações aleatórias melhora(m) ou, ao contrário, deteriora(m) a consonância global.

Damos frequentemente a esta análise o nome de "correção" e "incorreção" das linhas. São palavras um tanto inadequadas, porque muito sistemáticas e carregadas de conotações "morais". Embora na maioria dos comentários do *Yi Jing* a correção das linhas seja apresentada globalmente como preferível à sua incorreção, não se deve considerar isto como uma regra inviolável. Primeiro porque entre as

384 linhas que constituem todos os hexagramas, a metade delas, ou seja, 192, está posicionada de maneira "incorreta"; e em seguida, e o mais importante, porque no *Yi Jing* nenhuma regra é geral, podendo predominar sobre um caso particular. Ora, encontramos numerosos casos no *Texto canônico* em que uma linha *estruturalmente* incorreta é avalizada, todavia, com uma apreciação mântica completamente favorável. Incoerência? Não, agudeza de observação!

Quantas vezes na vida adotamos uma ação aparentemente contrária aos princípios gerais mas que, em razão de uma conjuntura própria à situação, é fundamentalmente adaptada? Consideremos um exemplo. Ninguém contesta o princípio segundo o qual os pais devem manifestar um amor indulgente para com os filhos, sendo com eles fundamentalmente *yin*, tolerantes etc. Ora, há situações específicas nas quais a manifestação mais eficaz desse princípio assume a forma de uma interdição intransigente que indica à criança um limite a não ultrapassar.

O *Yi Jing* identifica diversas situações particulares, em cuja gestão uma atitude a princípio "incorreta" (por exemplo, *yang* em um nível *yin*) é considerada preferível, e por isso aconselhada pelo *Texto canônico*, ou seja, descrita com uma apreciação mântica positiva. Este é um dos ensinamentos fundamentais do *Yi Jing*: aprendermos a nunca sermos sistemáticos. Cada situação é um caso particular que contém em si mesmo sua lógica própria, e jamais uma regra geral poderá prevalecer sobre as particularidades próprias de cada situação.

Não obstante, o exame da "correção" e da "incorreção" das linhas dos hexagramas é sempre muito rico em ensinamentos, pois mostra as etapas de estabilidade de uma dada situação, assim como os níveis que são conduzidos por uma dialética de modificação a curto prazo em razão de sua inadequação momentânea. A título de exemplo, vamos analisar posteriormente o hexagrama MEMBROS DE UM CLÃ[29] (37) sob o ponto de vista deste méto-

29 O nome deste hexagrama assim como todos os outros citados foram escolhidos por mim, em minha tradução original do *Texto canônico* (*Yi Jing, le livre des Changements, op. cit.)*.

do. Antes disto, porém, para avaliar melhor a eficácia do método, devemos esclarecer cada uma das funções que a tradição chinesa delegou a cada um dos seis níveis dos 64 hexagramas do *Yi Jing*.

As funções dos seis níveis

A organização em seis níveis e a atribuição de cada um deles a uma função específica é, desde a Antiguidade, a estrutura fundamental da organização dos 64 hexagramas. Não apenas ela constitui a armação essencial para a compreensão das 64 situações-tipo enumerada pelo *Yi Jing*, mas é na verdade a única regra geral válida *absolutamente* para todas as figuras, qualquer que seja a situação representada. Ela é inteiramente baseada nesta vetorização de baixo para cima que constitui a armação vital segundo a qual todos os hexagramas se revelam.

Ao primeiro nível atribui-se a função de "Entrada" na situação. Ele reúne tudo o que contribuiu para se chegar à situação, tudo o que fez com que ela acontecesse e em seguida se revelasse. Ao sexto nível, simetricamente, será atribuída a função de "Saída", que engloba tudo o que ocorre após a conclusão da situação. Entre essas duas portas, na terceira posição há a fronteira entre os grupos constituídos pelas três linhas inferiores (associadas à estratégia da relação da pessoa que interroga com seu interior) e pelas três linhas superiores (associadas à estratégia recomendada ao consulente em relação ao exterior). Esta função é chamada de "Passagem", pois ela representa um processo de exteriorização que vai do interior para o exterior.

Aos três níveis remanescentes são associadas funções cujas denominações são termos políticos. Esta não é uma peculiaridade do *Yi Jing*, mas do pensamento chinês em geral – os tratados médicos, por exemplo, são repletos deste gênero de metáfora. Isso vem do fato de a China ter sido sempre um país superpovoado e de sua gestão política sempre ter sido considerada de fundamental importância. Encontra-se então no nível mais elevado dos hexagramas, logo abaixo do nível de "Saída" (que naturalmente já está além da situação propriamente dita), a função de "Soberano", que corresponde a tudo o que pode ter uma influência direta sobre a situação ou à tomada de iniciativas de maneira soberana. Logo abaixo do soberano, no quarto nível, encontra-se a função de "Ministro", cujo papel consiste principalmente em levar a termo o que tiver sido decidido pelo soberano, agindo como uma espécie de corrente de transmissão, um instrumento de comunicação entre o soberano e o povo, representado pelos três níveis abaixo dele, e cujos pedidos ele transmite para o soberano, como um eco *yin*, centrípeto, da função centrífuga de exteriorização atribuída ao nível de "Passagem". Da mesma maneira, ao soberano do quinto nível, cuja função de direção é globalmente *yang*, corresponde a função atribuída ao "Prefeito", no segundo nível, que é o soberano *yin* do hexagrama. A tarefa deste, análoga à do ministro, é materializar as diretrizes lançadas da capital pelo soberano nas províncias, onde representa o poder central (que origina seu poder local).

Relações de reciprocidade entre as linhas do hexagrama 37 (in *Le Yi Jing en dessins*, traduzido em francês a partir do chinês por Cyrille Javary e Wang Dongliang, Ed. You-Feng, Paris, 1992)

RESUMO DAS FUNÇÕES DOS SEIS NÍVEIS DOS HEXAGRAMAS

Nível	Natureza ideal	Função efetiva	Estratégia mais favorável
6	*yin*	Saída	concluir, digerir, preparar a evolução posterior
5	*yang*	Soberano	governar de cima, orientar, controlar
4	*yin*	Ministro	orquestrar as diretrizes superiores; transmitir as informações aos subalternos
3	*yang*	Passagem	passar do interior para o exterior, manifestar, exteriorizar
2	*yin*	Prefeito	gerenciar diariamente, materializar as diretrizes superiores
1	*yang*	Entrada	iniciar, começar uma dinâmica

A comparação do hexagrama de situação obtido com o hexagrama 63, no qual a natureza de cada uma das seis linhas está em correspondência perfeita com o nível em que estão situadas, é um complemento de análise bastante útil, na medida em que informa diretamente sobre o(s) nível(eis) desarmônico(s) de cada hexagrama. Tomemos por exemplo o hexagrama 37.

HEXAGRAMA 37

HEXAGRAMA 63

A comparação das duas figuras lineares evidencia imediatamente a solidez do hexagrama 37: em cada um dos seus cinco primeiros níveis, as linhas estão de acordo com o lugar que ocupam (*yang* nos níveis ímpares e *yin* nos pares). Uma única exceção: o sexto nível, a "Saída", está ocupado por uma força *yang*, e não uma força *yin*.

A conclusão é óbvia: a dissonância na situação-tipo resumida pelo hexagrama 37 situa-se no nível da função de "Saída". Encontramos aí uma dificuldade em sair de uma situação particular, em repensar sua preocupação com uma visão mais ampla. Em linguagem moderna, este seria um problema de contextualização, uma questão de perspectiva em relação a um conjunto mais amplo.

Compreendemos melhor assim o significado do nome chinês deste hexagrama, que não trata apenas das questões familiares, como as traduções da época colonial fazem crer erroneamente. O assunto do hexagrama 37 é bem diferente, como mostram os dois ideogramas de seu nome: 家人 (*jia rén*) a relação de duração de vida entre, de um lado, um clã (家 *jia*) e, de outro, os indivíduos (人 *rén*) que o compõem. A partir desta metáfora constitutiva, a ideia geral do hexagrama diz respeito a todas as situações onde nos encontramos obcecados pelo que nos preocupa, a ponto de esquecer de considerar que isso é apenas um capítulo de nossa vida, assim como nossa vida inteira é apenas um capítulo da vida do clã, que surgiu antes de nós e desaparecerá muito tempo depois. A duração de vida de cada indivíduo que constitui um clã não tem a mesma cadência que o ritmo da duração de vida do clã a que ele pertence. Partindo desta evidência, o principal conselho deste hexagrama para quem o recebeu em resposta é de *contextualizar* o que o está incomodando, isto é, de relativizar a questão que o levou a pedir conselho ao *Yi Jing*. Como fazê-lo? Justamente *saindo* do que o está incomodando, tomando consciência de que se trata apenas de um momento, da mesma forma como os membros de um clã só representam um momento da vida deste.

O significado de grande parte das figuras do *Yi Jing* procede principalmente da ocupação de cada um dos seus seis níveis por uma força *yin* ou *yang*. Esta estrutura constitui assim uma das primeiras maneiras de se abordar de forma imediata o significado de um hexagrama apenas ao olhá-lo. Em muitos casos o seu nome se esclarece deste modo. Tomemos por exemplo o hexagrama 8, cujo nome é ALIANÇA.

Vemos que a característica desta figura é a presença de uma única linha *yang* no nível do "Soberano". Podemos deduzir que se trata de uma situação em que um soberano único, *yang*, que se encontra então na posição correta, desempenha o papel agregativo, o fator de convergência em relação a todas as linhas *yin*, as quais respondem e aquiescem ao seu apelo[30]. Basta observar esta disposição para concluir que se trata de uma situação de união, de agregação. Ela simboliza de fato um momento em que, em torno de um soberano aprovado pela maioria, cristaliza-se um sentimento de união, de adesão a um conjunto coerente e dirigido (no caso de um pedido de conselho para uma atitude individual, este sentimento eficaz de união pode referir-se unicamente a todos os "eus" de uma mesma pessoa).

Examinemos por comparação o hexagrama 14, cujo nome é O GRANDE REALIZA.

Neste caso, sua arquitetura é caracterizada por uma única linha *yin* no quinto nível, ou seja, uma posição incorreta para um traço *yin*. Aparentemente inativo, aqui o soberano não se mostra, não comanda (ação *yang*), contenta-se apenas em instalar cada auxiliar na posição em que será mais eficiente, favorecendo deste modo o poder criativo (*yang*) de todos (prefeitos, ministros, etc.) na posição que lhes for oferecida. Não se trata de um soberano coagido, como poderia sugerir uma análise superficial da incor-

30 Com uma exceção notavel: a 6ª linha. O fato de esta linha encontrar-se acima do nível do soberano sugere que ela seja externa ao clima de lealdade comum às 4 outras linhas localizadas abaixo do soberano.

reção da linha *yin* no nível *yang*, e sim de um soberano voluntariamente inativo. Governando pelo "não agir", este soberano é eficaz, no sentido chinês do termo, visto que ele cumpre uma parte de seu papel, que consiste em deixar as coisas acontecerem. Exatamente como agem as agulhas da acupuntura, sem ação terapêutica direta mas engajando no paciente um processo de cura. Esta linha *yin* ocupando o lugar de honra – mencionam os *Comentários canônicos* – detém o segredo de poder verdadeiramente "realizar" em "grande", tal como indicam literalmente os dois ideogramas do nome chinês da figura.

Levar em conta as funções atribuídas a cada um dos seis níveis é extremamente útil para se ter uma primeira ideia do significado das diferentes situações--tipos, mas isto é ainda mais essencial para a compreensão precisa de uma resposta global, particularmente na medida em que permite uma leitura sutil das precisões dadas pelas linhas mutantes do hexagrama de situação.

AS LINHAS MUTANTES (動爻 *dong Yao*)

As linhas mutantes, ou seja, as linhas *yin* e *yang* que, ao serem traçadas, identificamos com os sinais "X" e "O", constituem uma das informações mais pertinentes e úteis da resposta do *Yi Jing*. Pode parecer um pouco infantil aconselhar de sublinhá-las com tinta colorida no desenho do hexagrama de situação, mas este seria um hábito excelente. As linhas mutantes devem ser imaginadas como linhas pisca-piscas. Podemos compará-las às luzes piscando em um painel de controle de um automóvel. Indicam que há algo para se resolver no nível onde estão situadas, quer dizer, em relação à função que o nível simboliza.

Se o 1º nível for mutante, a situação apresenta um nó, uma dificuldade a resolver no nível do engajamento, da entrada no tipo de estratégia geral proposta pelo hexagrama da situação. Se o nível indicado por uma linha mutante for o 5°, conclui-se que algo tem que ser feito, que se deve tomar uma iniciativa, dar uma direção à situação na qual o consulente se encontra. Estas indicações são simples quando se referem a casos em que a resposta contém apenas uma (ou no máximo duas) linha(s) mutante(s). Elas se tornam, todavia, mais difíceis de captar se houver mais níveis mutantes[31]. Neste caso, é necessário buscar uma compreensão mais precisa do significado global do hexagrama de situação. Para tanto, existem duas outras grades estruturais de análise muito úteis: o hexagrama "oposto" e o hexagrama "nuclear".

O HEXAGRAMA OPOSTO (錯卦 *cuò guà*)

O hexagrama oposto de um hexagrama qualquer é a figura obtida ao se substituírem no hexagrama inicial todas as linhas *yin* por linhas *yang* e todas as linhas *yang* por linhas *yin*. Independente do processo de mutação das linhas, a relação de oposição entre as duas situações-tipo é um dado estrutural e permanente, uma propriedade que aparece por causa do sistema de figuração através de linhas duplas e contínuas. Cada hexagrama tem sempre um "oposto". Levar em conta o hexagrama oposto ao hexagrama de situação obtido em resposta é apenas um dos elementos que complementam a compreensão global da resposta do *Yi Jing*.

O hexagrama oposto representa "o que a situação não é". É um tipo de imagem "em negativo" que descreve o hexagrama de situação. Seu exame é rico de ensinamentos *a contrario sensu*, particularmente por permitir delimitar o campo aberto pelo hexagrama de situação. De fato, alguns hexagramas, por terem um

31 Utilizando-se moedas ou varetas, a possibilidade de se obter uma única linha mutante é um pouco maior do que 1/3 (35,6 %) e de se obterem 2 linhas um pouco menor (29.8 %). As probabilidades declinam a seguir a um pouco acima de 1/6 (17,8 %) para não haver nenhuma linha mutante, a cerca de 1/8 (13,2 %) para se obterem 3 linhas mutantes, a 1/30 (3,3 %) para 4 linhas mutantes, 1/225 (0,4 %) para 5 linhas e finalmente 1/4096 (0,02 %) para que todas as 6 linhas sejam mutantes ao mesmo tempo.

nome bastante geral ou um nome que nos parece um pouco estranho, dão a impressão de fornecer uma resposta muito vaga a uma pergunta precisa. Imaginemos, por exemplo, que uma pergunta sobre a oportunidade de uma tarefa a ser realizada tenha obtido o hexagrama INCITAR (31) como resposta. Ao levarmos em consideração a situação-tipo oposta à deste hexagrama, representada pelo hexagrama DIMINUIR (41), podemos conjecturar (sob reserva, obviamente, de que outros elementos de análise corroborem esta ideia) que, para a pessoa afetada por esta resposta, a tarefa é o contrário de uma diminuição.

Podemos incrementar a utilização prática dessa relação de oposição se tomarmos o conselho de atitude dado pelo texto da Grande Imagem do hexagrama oposto e o aplicarmos ao inverso. Por exemplo, como é aconselhado a quem se encontrar na situação do hexagrama 41 de "moderar suas paixões[32]", a pessoa que tiver recebido em resposta o hexagrama 31 pode deduzir que ela se pode lançar neste negócio sem medo de ter que refrear seu entusiasmo. No entanto, como todo elemento de análise baseado diretamente nos textos, esse procedimento deve ser empregado com prudência, e as indicações concluídas devem ser retidas unicamente se forem reforçadas e concordarem com as informações obtidas por meio de outros métodos de análise.

De um ponto de vista global, a relação de oposição que associa dois hexagramas é geralmente explícita. Por exemplo, APROXIMAR (19) / BATER EM RETIRADA (33). Às vezes, porém, ela pode ser mais sutil: SEGUIR (17) / CORRIGIR O CORROMPIDO (18). Para compreendê-la melhor, devemos ter sempre em mente que não se trata de uma oposição frontal, de uma luta de contrários excluindo-se mutuamente, mas sim de uma relação similar à do *yin* com o *yang*, isto é, como os dois lados de uma mesma montanha, a dupla expressão de um terreno comum.

Para tal, é útil lembrar que os hexagramas não são arquétipos intelectuais, e sim representações alusivas do fluxo

32 Texto da Grande Imagem deste hexagrama. Tradução de Cyrille Javary, *Yi Jing, Le Livre des Changements, op. cit.*, p. 656.

de energia. A dupla de opostos formada pelos hexagramas SEGUIR (17) e CORRIGIR O CORROMPIDO (18) tem como base comum o posicionamento e, portanto, a estratégia a ser adotada em face de uma corrente exterior poderosa. (Aliás, o fato de seus números de série se seguirem é uma mera coincidência.) Em um caso (17), essa corrente é portadora e é portanto conveniente limitar a ação ao mínimo para nela inserir-se; no outro (18), a corrente é nefasta, então é imperativo produzir um máximo de esforço para opor-se a ela ao mesmo tempo em que se remedia a situação para torná-la novamente fecunda.

Nesta ótica, quando se lê o par de "opostos" ALIANÇA (8) e O GRANDE REALIZA (14), os dois hexagramas cujos seis níveis analisamos anteriormente, constata-se um terreno comum aos dois: o exercício da autoridade (nível soberano) em relação a um grupo descrito segundo duas facetas por cada um desses hexagramas. O soberano, ao se mostrar e agir de maneira *yang* (8), cria um espírito de grupo (*yin*) que se manifesta pela adesão e coesão no interior do grupo; e ao agir de maneira *yin* (14), inativo, favorece a ação criativa (*yang*) de cada elemento em sua posição.

Enfim, há às vezes situações nas quais a relação de oposição é difícil de precisar. Por exemplo, o par formado pelos hexagramas JOVEM INSENSATO (4) e REVOLUÇÃO (49) parece não ter nenhuma relação direta, mas esse par articula-se no terreno comum existente entre a inovação e a tradição. De um lado, é enunciada a injunção a se "rejeitar o que se tornou velho" (49) e de outro a de "aderir à escola do que nunca envelhece", a tradição, representada por aqueles que têm experiência (4).

Globalmente, o método de análise proposto pela relação de oposição é sempre valioso, pois oferece um ponto de vista esclarecedor (e indiscutível, visto que constituído pela representação linear) sobre o significado de alguns hexagramas. Tomemos um último exemplo: o par formado por PLEITEAR SUA CAUSA (6) e LUZ OBSCURECIDA (36). Seu terreno comum, situado no modo de resolução de conflitos, apresenta de um lado uma estratégia *yang* (6) em relação aos conflitos dos quais somos atores (então, que sejamos atores também em sua resolução) e de outro lado como *yin* (36) para os conflitos dos quais não somos atores (nos casos em que a responsabilidade cabe à autoridade[33]); por não podermos fazer nada para facilitar a resolução, o melhor é nos preservar.

Ao definir cada situação-tipo pelo que é mais diferente de si (seu complemento *yin/yang*), o hexagrama oposto não basta por si só, devendo ser completado pelo que se encontra no âmago de cada situação: o hexagrama "nuclear".

O hexagrama nuclear (互卦, *hù guà*)

O hexagrama nuclear de qualquer hexagrama é a figura construída desdobrando-se em seis níveis as quatro linhas centrais do hexagrama de partida. Representa o coração da situação, a dinâmica profunda que o anima.

Assim como o hexagrama oposto, o hexagrama nuclear resulta diretamente da representação linear das figuras do *Yi Jing*. Sua "invenção" provém essencialmente da vetorização dos 6 níveis, através da qual se estabelece que os dois níveis mais exteriores – o de baixo ("Entrada") e o de cima ("Saída") – ocupam uma posição ligeiramente deslocada do conjunto da própria situação. O primeiro representa tudo o que provoca a situação, e o último tudo o que a ela sucede. Por isso, os dois níveis não fazem parte inteiramente da situação-tipo descrita pelo hexagrama em seu conjunto: eles compõem suas bordas. Por esta razão serão chamados de "envoltórios". As quatro linhas centrais, associadas por outro lado ao nível humano, constituem o coração da situação, ou, em termos modernos, seu núcleo duro.

Mas os antigos chineses que construíram o sistema do *Yi Jing* apenas conheciam os hexagramas (os trigramas, dos quais falaremos em breve, só virão a ser considerados após uma reflexão aprofundada sobre os hexagramas). Assim sendo, eles não dispunham de grades lógicas para analisar o conjunto dos quatro níveis

33 Cf. *ibid.* pp. 576-577 para a explicação histórica deste hexagrama.

situados no coração dos hexagramas. Tiveram então a idéia de "desimbricá-los", isto é, desdobrá-los para obter o que eles conheciam bem: um hexagrama. Esta operação foi justificada pela necessidade de examinar com atenção redobrada as linhas centrais, que são relacionadas ao nível humano[34]. Surge daí o nome chinês deste método de leitura: 互卦 *hù guà*, que significa literalmente "hexagrama imbricado".

Seguindo este princípio, para construir o hexagrama nuclear de um hexagrama qualquer pegamos as linhas situadas nos níveis 2, 3 e 4 do hexagrama considerado e as transferimos aos níveis 1, 2 e 3 deste novo hexagrama que será o nuclear; a seguir, tomamos as linhas situadas nos níveis 3, 4 e 5 do hexagrama de base e as copiamos nos níveis 4, 5 e 6 do novo hexagrama.

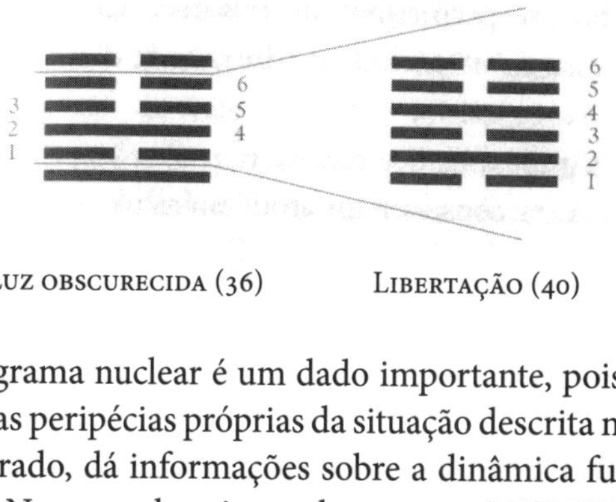

LUZ OBSCURECIDA (36) LIBERTAÇÃO (40)

O hexagrama nuclear é um dado importante, pois, em complemento das peripécias próprias da situação descrita no hexagrama considerado, dá informações sobre a dinâmica fundamental da situação. No exemplo acima, o hexagrama LUZ OBSCURECIDA (36), já examinado anteriormente e que evoca os conflitos a que estamos submetidos sem sermos responsáveis, não representa uma situação fácil nem propõe uma estratégia agradável. Contudo, o exame de seu hexagrama nuclear apresenta-o sob uma luz menos tenebrosa do que seu nome parece indicar inicialmente. No coração da estratégia de escurecimento de sua própria luz não encontramos o breu profundo do desespero, mas sim a indicação

34 Uma divisão tradicional do pensamento chinês (Terra – Céu – Seres humanos) aplicada às figuras do *Yi Jing* associa a Terra às duas linhas de baixo de um hexagrama, o Céu às duas de cima e o nível humano às duas linhas centrais.

de uma LIBERTAÇÃO (40). É muito tranquilizador o fato de o hexagrama 40 encontrar-se no coração do hexagrama 36, pois ele nos garante que "obscurecer sua luz", a estratégia defendida pelo hexagrama, não é uma maldição nem uma punição, mas uma conduta liberatória, permitindo atravessar sem muito dano um período de arbitrariedade e de injustiça.

O método de análise constituído pelos hexagramas nucleares constitui um trunfo valioso e uma grande surpresa. O trunfo para o usuário do *Yi Jing* é a iluminação penetrante que é projetada em cada hexagrama tomado individualmente.

A surpresa vem do que descobrimos estar operando na situação de maneira ainda mais clara do que na relação de oposição. Este fenômeno é o que chamamos em biologia evolutiva de "propriedade emergente", isto é, uma aptidão inédita originalmente imprevisível e que decorre espontaneamente do funcionamento de uma estrutura suficientemente complexa para produzi-la. Isso tece de fato no interior das 64 situações-tipo uma rede inédita devido à organização de todos os hexagramas em grupos de 4 hexagramas de uma incrível concordância (as "famílias de nucleares").

Por exemplo, descobrir no interior do bloqueio outonal evocado pelo hexagrama ADVERSIDADE (12) uma dinâmica conduzindo à renovação primaveril – devido ao seu hexagrama nuclear: PROGREDIR PASSO A PASSO (53) – ajuda a enfrentar o inverno que se aproxima. Da mesma forma, perceber que no coração de TREINAR A TRAVESSIA DOS ABISMOS (29) corre o fluxo vitalizador evocado pelo hexagrama NUTRIR (27) permite considerar com mais calma e coragem a passagem difícil descrita pelo hexagrama 29 quando o obtemos como resposta a uma pergunta.

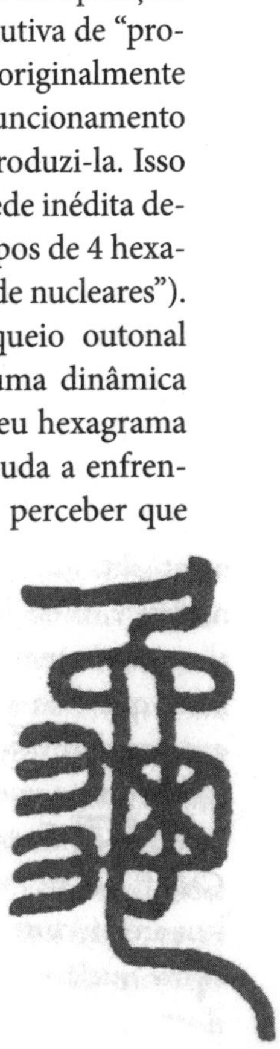

Além disso, quando vira um hábito examinar o hexagrama nuclear do hexagrama de situação obtido como resposta a cada vez em que consultamos o *Yi Jing*, percebemos rapidamente uma particularidade que inicialmente pode surpreender, mas que em seguida abre vastos horizontes: muitos hexagramas diferentes podem ter o mesmo hexagrama nuclear! Por exemplo, se quisermos saber qual é a dinâmica contida no coração do hexagrama CONTER-SE (15), descobrimos que esta é representada pelo hexagrama LIBERTAÇÃO (40). Compreende-se facilmente que conter as palavras, como aconselha o hexagrama 15, é muitas vezes a melhor maneira de nos livrarmos de uma situação perigosa. Mas como é possível que o hexagrama 40 seja o mesmo que está no coração de LUZ OBSCURECIDA (36), como já vimos? CONTER-SE (15) seria também uma estratégia libertadora? É verdade que estas duas situações-tipo têm em comum a idéia de uma retenção protetora, mas seria isto uma coincidência ou um dado mais sutil? Destacamos primeiramente que a representação linear desses dois hexagramas (䷎) e (䷣) é bastante semelhante, diferindo apenas nas duas linhas de baixo, que não entram na fórmula de construção do hexagrama nuclear. Em outras palavras, do ponto de vista do hexagrama nuclear é indiferente que nesses níveis exteriores se encontrem linhas *yin* ou *yang*. Encontramos desta forma dois outros hexagramas que também têm, em razão de sua arquitetura linear, o hexagrama 40 como figura nuclear: ESTABILIZAR (52) (䷳) (interpretado durante muito tempo como uma injunção à imobilização[35]) e (䷕) EMBELEZAR (22) (interpretado ainda como *Graça*[36] ou *Beleza*[37]). Estes hexagramas são, por conseguinte, outras manifestações da estratégia libertadora que nos permite livrar-nos do que entrava momentaneamente o avanço simbolizado pelo hexagrama 40. Estaríamos assim confrontados a uma falha do sistema de representação linear? Não, muito mais a uma de suas qualidades "emergentes" mais surpreendentes.

35 Cf. Richard Wilhelm, *Yi King, Le Livre des Transformations*, Ed. de Médicis, 1973, pp. 237 et 724. (N. da T. : Esta obra foi publicada em português pela Ed. Pensamento sob o título *I Ching. O Livro das mutações*.)

36 Cf. R. Wilhelm, *op. cit.*, pp. 114 e 549.

37 Cf. P. Faure, *Le Yi Jing par lui-même*, Ed. Alphée, 2006, pp. 28, 146 e 294.

O princípio constitutivo de construção do hexagrama nuclear vai gerar no interior das 64 situações-tipos uma nova organização interna: a formação de 16 conjuntos de 4 hexagramas que são as "famílias de nucleares", cada uma animada pela mesma dinâmica interna. Cada membro dessas "famílias" representa uma das quatro materializações particulares da dinâmica básica que os associa. Ora, para o espírito chinês, tudo que é múltiplo de quatro só pode ser organizado conforme a dialética sazonal. Sendo assim, os "envoltórios" dos hexagramas são os critérios utilizados para posicionar cada um dos 4 membros dessas "famílias" em cada eixo da cruz sazonal.

No eixo vertical, o das culminações, encontrar-se-ão naturalmente os envoltórios formados da repetição da mesma linha: no Sul ficarão os hexagramas contendo envoltórios com duas linhas *yang*; ao Norte, os contendo duas linhas *yin*. Por analogia, os envoltórios mistos encontrarão seus lugares no eixo horizontal – o das passagens – como os números 7 e 8, que indicam respectivamente as linhas *yang* e *yin* nascentes no método das moedas. Contudo, uma dificuldade subsiste: a que lugares atribuir o envoltório *yang* sob *yin* e o envoltório *yin* sob *yang*?

Partindo da vetorização fundamental de todas as figuras do *Yi Jing* encontramos uma solução simples para este problema: a Este fica a primavera, representada pelo *yang*, que nasce do inverno; então nesta posição será colocado o envoltório contendo o *yang* que surge embaixo do *yin*; a Oeste encontra-se o outono, simbolizado pelo *yin* que reaparece após a culminância do *yang*; assim colocamos ali o envoltório no qual o *yin* está abaixo do *yang*. Este dispositivo tem a vantagem de associar uma tonalidade sazonal a cada uma das quatro "encarnações" de uma mesma dinâmica interna. A modalidade do verão será a mais *yang* de todas, a invernal a mais *yin*, a primaveril a mais imediata e a outonal a que leva mais tempo para se exteriorizar.

Tomemos um exemplo completo:

A FAMÍLIA DO GRANDE EXCESSO (28)

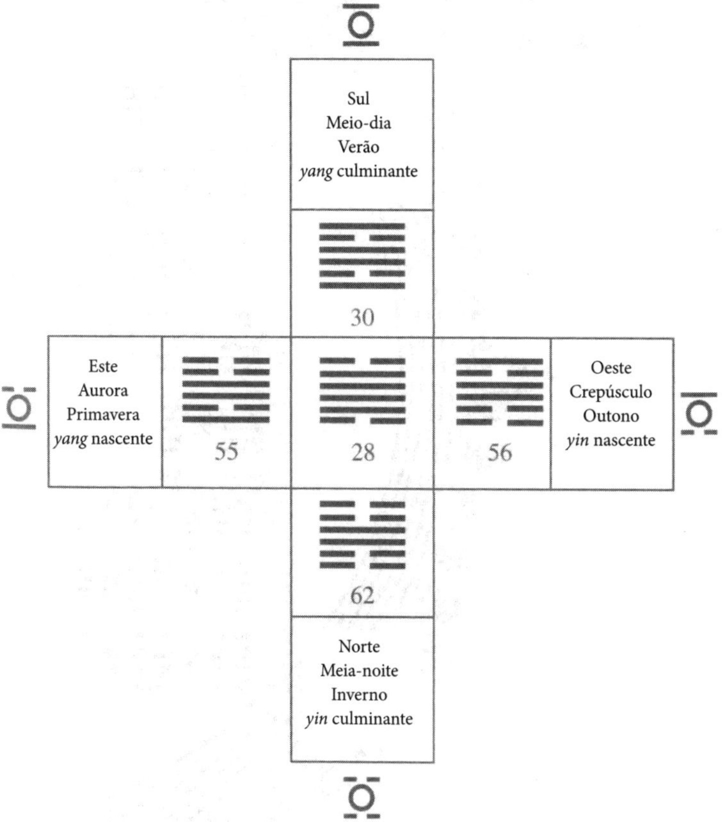

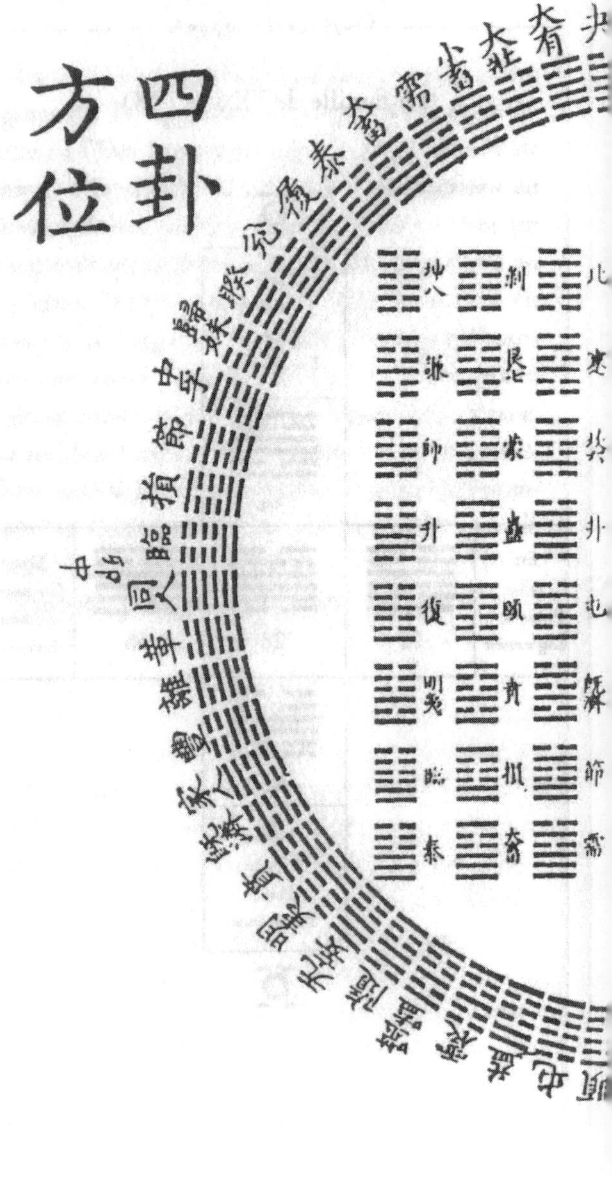

Os 64 hexagramas organizados em um círculo e em um quadrado, por Shao Yong, 1011-1077. Extraído de Yi Jing Yanjiu – Pesquisas sobre o *Yi Jing*, do Prof. Xu Qingting, Ed. Wuzhou Chupanshi, Taiwan, 1981.

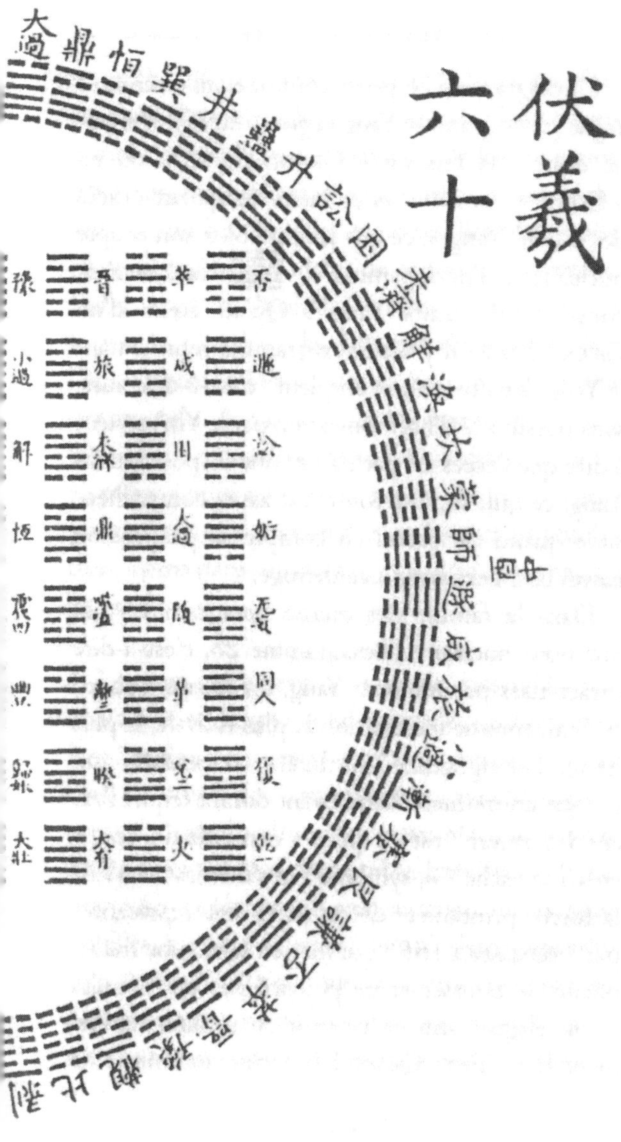
伏羲
六十

O nome do hexagrama 28 em chinês é *da guo* (*da* = grande = *yang* e *guo* = excesso). Assim, ele significa simultaneamente "GRANDE EXCESSO" ou "EXCESSO EM GRANDE" e "excesso de (ou do) *yang*". Este aspecto torna-se evidente devido ao seu próprio nuclear: o hexagrama ䷀ ELÃ CRIATIVO (1), constituído unicamente de linhas *yang*[38]. O fato de encontrarmos no coração de GRANDE EXCESSO o hexagrama representando o *yang* em toda a sua magnitude (o que implica também em uma impossibilidade de harmonização pelo *yin*) equivale dizer que o excesso é por natureza uma disposição do *yang*, o que afinal de contas é bem compreensível quando se considera a sua propensão natural à expansão centrífuga.

Na família dos quatro hexagramas cujo hexagrama nuclear é o 28, ou seja, uma família caracterizada por um excesso *yang*, os hexagramas são dispostos segundo a ilustração. Encontramos primeiro, ao Sul, o hexagrama CAÇADOR DE PÁSSAROS (30) como a encarnação mais estival, mais *yang* da família. Este hexagrama evoca um momento resplandecente durante o qual o excesso de iluminação[39] é tal que é aconselhado "domesticar a vaca[40]", um símbolo *yin*. A Este a forma primaveril desse excesso é representada por ABUNDÂNCIA (55), que encerra uma multiplicidade de germens e de potencialidades que temos que saber aparar para poder colher rapidamente o melhor da situação. Quanto à forma outonal deste excesso, ela é representada a Oeste pela errância de VIAJANTE (56), que evoca o percurso lento e incessante de quem só vai parar quando tiver encontrado o seu devido lugar e que, durante seu périplo, distante de seu domicílio familiar e de seus vínculos habituais, sente-se tentado a experimentar todo tipo de conduta excessiva. Enfim, ao Norte encontra-se o excesso sob a forma mais *yin*, a mais

38 No fim da obra, encontra-se uma lista completa identificando, nas duas primeiras colunas, os hexagramas opostos e, nas duas últimas, os nucleares de cada uma das 64 situações-tipo do *Yi Jing*.

39 O hexagrama é formado pela duplicação do trigrama *Li*, Luz; cf. p. 108-109.

40 Hexagrama 30, texto do Julgamento.

discreta, a invernal: o hexagrama PEQUENO EXCESSO (62). Seu nome, construído como o de GRANDE EXCESSO (28), significa também simultaneamente "excesso do pequeno", ou seja, do *yin*, e um "pequeno excesso", pois o *yin*, que inclui em sua própria natureza um fator de regulação, até no excesso só pode ser "pequenamente" excessivo.

Deixo ao leitor a tarefa de reunir, construir e explorar por si mesmo as 15 outras famílias nucleares que esta organização teceu no interior dos hexagramas, mas gostaria de encerrar a análise da arquitetura interna que foi construída desta forma no interior do próprio conjunto. Na realidade, os hexagramas nucleares que se encontram no interior dessas dezesseis famílias, embora investidos de uma significação especial, não são nada mais do que outros hexagramas. Quer dizer que cada um contém, dentro de si mesmo... um outro hexagrama nuclear. Núcleos dos núcleos, quais são então os hexagramas nucleares desses hexagramas nucleares? E este mergulho no coração da arquitetura do *Yi Jing* prosseguirá indefinidamente?

A resposta é "não"! O processo estabiliza-se a partir da fase posterior. No interior dos 16 hexagramas nucleares encontramos somente os 4 pilares fundamentais do sistema gráfico do *Livro das transformações:* os hexagramas ELÃ CRIATIVO (1) e ELÃ RECEPTIVO (2) (puro *yang* e puro *yin*, que são eles mesmos seus próprios nucleares) e os hexagramas TRAVESSIA REALIZADA (63) e TRAVESSIA POR REALIZAR (64) (ordem e desordem perfeitas que são reciprocamente e continuamente nucleares um do outro).

Não é extraordinário encontrarmos no fim as 4 figuras de base sobre as quais se orquestraram todo o sistema? E isto após a implementação de um quadro de análise com que os eruditos que pacientemente organizaram os textos dos hexagramas jamais poderiam ter sonhado! Como se dentro de cada um dos 64 elementos do conjunto se ocultassem todos os princípios de sua organização.

Alguns avanços da ciência moderna deram um nome a esse gênero de organização; o quadro de análise que vamos explorar agora nos ajudará a descobri-lo.

OS HEXAGRAMAS DERIVADOS (之卦, *zhi guà*)

O hexagrama "derivado" é o que surge na mutação de uma linha qualquer de um hexagrama enquanto todas as outras linhas permanecem idênticas. Cada hexagrama dispõe, portanto, de seis hexagramas derivados diferentes, cada um deles relacionado com o que acontece no nível da sua linha de referência. Como o hexagrama oposto e o hexagrama nuclear, o hexagrama derivado é uma propriedade estrutural que resulta diretamente da representação linear das situações-tipo do *Yi Jing*. Contudo, ao contrário daqueles, o hexagrama derivado desempenha um duplo papel, eficaz para auxiliar a compreensão precisa da resposta do *Yi Jing* e estupendo sob o plano teórico na medida em que demonstra a incrível complexidade das engrenagens que interagem constantemente na rede formada pela totalidade dos 384 níveis dos hexagramas (64 x 6).

No plano prático, é uma noção indispensável na medida em que o exame do hexagrama derivado, se não substitui o *Texto canônico* da linha consultada, pelo menos auxilia a compreensão do mesmo, que por vezes é bastante obscuro[41].

O hexagrama derivado – os manuais chineses dizem-no com humor – "habita" a linha cuja mutação o faz surgir. Podemos dizer também que ele dá uma coloração, um teor à sua linha de referência. Portanto, compreendemos imediatamente o interesse prático que ele pode representar: quando o texto de uma linha é por demais obscuro, muito arcaico, o hexagrama derivado da mesma através de sua possível mutação transmite uma idéia sobre a particularidade da trama e o discernimento sobre a conduta adequada. Isso tudo sem se perder no labirinto das diversas traduções de um texto cujo significado exato por vezes foi truncado com o passar dos séculos.

Tomemos um exemplo. O hexagrama USURA (23) ䷖ trata dos momentos em que devemos saber dar seguimento ao longo do tempo, apesar das ameaças vindas do interior ou do exterior. O texto da terceira linha deste hexagrama (contando sempre de bai-

41 Tema a ser tratado na p. 110.

xo para cima) contém apenas quatro caracteres: 剝之 无咎. Os dois últimos (无咎) são uma simples injunção para se agir: "ausência de culpa". Os dois primeiros, em compensação, constituídos pelo próprio nome do hexagrama (剝) e por um caractere que em geral indica uma equivalência (之), formam uma "frase" bastante obscura: "USURA dela mesma". Como compreender então o conselho que nos dá o *Texto canônico*?

Parece que no terceiro nível, o nível da Passagem, a gestão da situação da usura se resume a um tipo de usura... a usura dela mesma. Como se houvesse um momento de estabilização do fenômeno em curso, a partir do qual surgiria finalmente a possibilidade de dominar mais a angústia provocada por esta usura incessante. Todavia, como se assegurar que esta interpretação é correta, sobretudo com um texto tão conciso? O recurso às diversas traduções disponíveis em francês desses dois ideogramas torna-nos ainda mais introspectivos. Constatem por si mesmos... R. Wilhelm diz: "Estilhaçou-se com eles"[42]. Greg Whincup: "Abatido"[43]. Kerson Huang: "Golpeie-o "[44]. Michel Vinogradoff: "Despojá-lo"[45].

42 Cf. R. Wilhelm, *op. cit.*, p. 124.

43 Greg Whincup, *Le Yi King au quotidien*, Ed. Presses Pocket, 1991, p. 175.

44 Kerson Huang, *Yi Jing, le sens original du « Livre des mutations »*, Ed. Dangles, Saint-Jean-de-Braye, 1993, p. 130.

45 Michel Vinogradoff, *Yi Jing, la marche du destin*, Ed. Dervy, Paris, 1996, p. 221.

Fica difícil compreender algo em meio a esta cacofonia e ainda mais deduzir a estratégia, o conselho diretamente aplicável à situação que estamos vivenciando. Ora, ao se sondar o hexagrama derivado uma indicação eficaz emerge.

A mutação da terceira linha do hexagrama 23 ䷖ dá origem ao hexagrama ESTABILIZAR (52) ䷳. Eis então uma evidência irrefutável que ultrapassa a barreira linguística e que indica claramente que nesta fase da situação-tipo descrita pelo hexagrama 23 a usura está marcando passo. Começa a desgastar-se por ela mesma e, com isto, a estabilizar-se, e em consequência (conforme o significado geral do hexagrama 52), começamos a ser capazes de controlar, acalmar, conter o que até então estava nos arrastando em um fluxo impetuoso e a querer passar para um nível superior.

O hexagrama derivado não é a panaceia que resolverá todas as obscuridades do texto primitivo, mas pode ser de grande auxílio para identificarmos partes do texto das linhas; um dado seguro justamente porque é independente do texto.

A experiência (e a aritmética das manipulações aleatórias que já vimos anteriormente) mostra que o caso mais frequente é haver apenas uma linha mutante em um hexagrama de situação. Neste caso, o hexagrama derivado do nível da única linha mutante confunde-se com o hexagrama de perspectiva: a propensão da situação identifica-se com o dinamismo próprio do nível envolvido. No entanto, também acontece com bastante frequência que o hexagrama de situação comporte várias linhas mutantes e que cada uma delas, analisada individualmente, dê conselhos contraditórios.

Os chineses não temem as contradições, e a vida, que oferece uma profusão delas, parece lhes dar razão. Na verdade, muitas vezes pode ser sábio agir de um modo ou do seu contrário, o que nem é fácil descrever nem realizar. Neste caso, o hexagrama derivado é precioso, porque, ao dar orientações sobre cada lado da contradição, alarga as barreiras da lógica.

Finalmente, o princípio do hexagrama derivado estabelece uma ligação inesperada entre o passado mais antigo do *Yi Jing*

e as descobertas mais recentes sobre o funcionamento de sistemas complexos. Há 30 anos foram exumadas carapaças de tartaruga datando da virada do último milênio de nossa era, o momento crucial em que começou justamente o longo processo de destilação que terminou levando às 64 situações-tipo que conhecemos hoje. Algumas dessas carapaças continham uma sucessão de ideogramas primitivos significando globalmente: "Tal tipo de fissura, seguida desta outra, depois de tal outra etc. é chamada...". Ora, nessas peças arqueológicas, o que descrevi aqui como uma sucessão de três pontinhos... era o nome de um dos 64 hexagramas, o mesmo utilizado atualmente.

Não só se trata então de uma manifestação objetiva do nascimento da "ideia" do hexagrama, mas também estas descobertas nos fazem crer que, quando construímos a sequência dos hexagramas derivados de cada linha dos hexagramas, talvez estejamos reproduzindo o inverso do processo por meio do qual os estudiosos da alta antiguidade entrelaçaram pacientemente uma a uma as 384 engrenagens que ligam os derivados dos 64 hexagramas entre eles.

Neste nível, a complexidade do sistema inteiro é estonteante. Na verdade, em cada nível de cada hexagrama encontra-se... um outro hexagrama, o qual é, ele próprio, "habitado" por outros hexagramas em cada um dos seus seis níveis! E o conjunto de todas essas relações individuais tem uma relação lógica com um texto primitivo que, por sua vez, nunca teria imaginado semelhante complexidade.

Compreendemos então por que demorou um bom milênio para se conseguir ajustar com tanta eficácia a trama de uma tamanha rede de conexões. Mas os estudiosos chineses realizaram esta tarefa, ajustando aos poucos suas teorias, assim como haviam feito seus ancestrais com os milhões de carapaças de tartaruga. Como? É possível que nunca o descubramos, embora a arqueologia seja – na China, talvez, mais do que em outros lugares – uma ciência sujeita a múltiplas surpresas, de tanto que o solo chinês abriga tesouros enterrados. Uma única coisa é certa: a grande teoria dos estudiosos anônimos que trabalharam na construção deste material precioso certamente nunca previu que 3.000 anos mais tarde teorizassem sua organização como sendo parte desses conjuntos chamados fractais, nos quais em cada ponto encontramos a estrutura global do sistema inteiro. E tampouco que se perceberia que, tal qual o *Yi Jing*, esse tipo de organização interna é a que melhor explica a evolução dos conjuntos vivos, indo dos cristais de neve às nuvens que navegam no céu.

Os trigramas (八卦, *ba guà*)

Os trigramas são as oito figuras compostas a partir de três linhas contínuas ou duplas (ver o quadro das p. 108-109). Emanação sutil da representação linear dos hexagramas, os trigramas sempre se beneficiaram da mais alta estima na China. São encontrados frequentemente representados em todos os tipos de objetos: tinteiros dos estudiosos confucianos, decorações de templos budistas, talismãs e paramentos de celebrações taoistas e, nos dias atuais, em numerosas publicações dedicadas às artes físicas, marciais ou médicas. Outrora, os tratados militares, astronômicos, gastronômicos ou de caligrafia também usavam este recurso, tanto uns quanto outros pela mesma razão: seu notável poder de classificação.

Essa presença generalizada dos trigramas na China faz frequentemente os amadores do *Yi Jing* esquecerem seu caráter evanescente no domínio onde, logicamente, deveria abundar: nos comentários oficiais do *Yi Jing*. Entre os dez capítulos dos *Comentários canônicos*, apenas um (o 8°) é consagrado aos trigramas, e mesmo assim não inteiramente. Além do mais, trata-se de um texto denso, entupido de listas intermináveis de atribuições e de correlações, muito ao estilo dos livros de encantações mágicas do período dos Han [46]. Em todos os outros capítulos, tanto os de caráter geral, como o *Grande comentário*, ou os específicos, como os *Comentários sobre o julgamento*, dedicados a cada situação uma por uma, nunca se mencionam os trigramas para explicar os he-

46 206 antes de nossa era – 220 depois.

xagramas. Se na primeira frase de cada uma das 64 Grandes Imagens eles são evocados por seus atributos principais, o objetivo é mais descrever o hexagrama do que explicá-lo. Enfim, observamos que a própria palavra *trigrama* não existe em chinês; como tampouco existe a palavra *hexagrama, que* é uma invenção dos tradutores ocidentais. Os autores chineses, quanto a eles, contentam-se em empregar o mesmo caractere *guà* (卦, explicada no início desta obra – p. 36) para denominar as duas figuras.

Os comentários mais eloquentes sobre os trigramas encontram-se na maioria das vezes nos escritos dos autores ocidentais. Nestes livros, comentam-se à vontade as imagens naturais que lhes são associadas e repete-se à saciedade a lenda dourada do *Yi Jing,* colocando o personagem mítico Fu Xi e os trigramas na origem do desenvolvimento do *Livro das transformações.* Várias razões possíveis justificam a moda dos trigramas. Uma delas, a mais trivial, deve-se ao simples fato de ser mais fácil familiarizar-se com 8 figuras de 3 linhas do que com 64 figuras de 6 linhas. Outro motivo é o fato de parecer-nos natural representar os trigramas como sendo a origem do *Yi Jing,* pois para todos os que se aventuram no *Livro das transformações* eles estão na origem de sua relação com os hexagramas. Nós mesmos, quando obtemos um hexagrama como resposta a uma questão, não começamos por separá-lo em trigrama inferior e superior? Mesmo quando fazemos isto apenas com o objetivo de encontrar o número de ordem do hexagrama em questão na tabela de hexagramas ordenados em linhas e colunas que encontramos em todos os livros sobre este assunto em línguas ocidentais. Esse mérito classificatório – que explica também o grande sucesso chinês dos trigramas fora do contexto do *Yi Jing* –, no entanto, não representa em nada uma qualidade constitutiva.

Apresentar um hexagrama como resultante da combinação de dois trigramas equivale a descrever a água reduzindo-a aos seus dois componentes gasosos. Quimicamente inatacável, semelhante descrição não informa muito sobre a realidade específica da água, seu gosto, sua cor, sua fluidez etc. Tentar explicar o significado dos 64 hexagramas somente a partir dos dois trigramas que detectamos em cada um é uma tarefa delicada para alguns e fadada ao fracasso para a maioria. Simplesmente porque este método pega a história na contracorrente, posto que, como já vimos, é da vetorização em seis níveis que nasceram as figuras lineares, e não na superposição dos dois trios. Esse fato, longamente atestado arqueologicamente na China, nem sempre dissuadiu os autores: muitos deles, após R. Wilhelm, tentam explicar através dos trigramas não somente o sentido global dos hexagramas, mas também o sentido particular dos textos originais, escritos há quase um milênio atrás e associados a cada um dos seus 6 níveis. Lembramos numa reflexão interessante de Proust ironizando os críticos literários que "dissertam sobre a influência de Baudelaire sobre Homero".

No entanto, a tradição dos intelectuais chineses não incorporou sem razão os trigramas à coletânea de textos do *Yi Jing*. Estes formam um quadro de análise essencial para a percepção justa de uma resposta do *Livro das transformações*. Sob este prisma, compreendê-los de maneira sutil é um trunfo enorme. Eles são igualmente um meio muito útil de se familiarizar com as figuras lineares, para aprender a reconhecê-las[47] e também para construir uma ideia da atitude mais adequada à situação que eles descrevem. Para tal, convém considerar o trigrama inferior como representante da atitude interior e o trigrama superior como a atitude a tomar em relação ao exterior.

47 Método utilizado principalmente nas obras chinesas, em que os hexagramas tradicionalmente não eram numerados.

Os trigramas devem ser lidos principalmente pelo que eles representavam na visão dos estudiosos que os "inventaram", isto é, conceitos abstratos, emblemas gráficos, modelos de atitude. Somente que para os chineses a abstração não é uma evidência[48]. As palavras são ferramentas com as quais pensamos. Quanto aos chineses, eles têm o hábito de escrever (então de pensar) mas não com as combinações de signos desprovidos de significação (como as nossas letras), e sim com um conjunto de desenhos (os ideogramas). Foi por isto que, para facilitar seu uso e sua percepção, cada trigrama foi associado a uma imagem natural, com a qual ele também é muitas vezes confundido. Tomemos por exemplo o trigrama ☰, formado somente por linhas contínuas. Ele tem seu próprio nome (*qian*) e é o emblema abstrato dessa força *yang* que se expande continuamente para cima, subindo sem limites. Como representá-lo? Simplesmente abrindo a janela e olhando para o céu que se eleva indefinidamente. Dizer que o trigrama *qian* é uma imagem do céu é um erro de lógica: o céu é que é uma imagem do trigrama *qian*. Este tipo de engano ainda é agravado, no caso de alguns trigramas, por causa de uma tradução defeituosa da imagem natural a eles associados.

Assim, a imagem natural associada ao trigrama ☱ *dui* não é um *lago*, como se repete tantas vezes, e sim a bruma que vemos muitas vezes representada nos quadros de paisagens chinesas, proporcionando uma forma de comunicação alegre entre a estabilidade das montanhas e a fluidez dos rios. Da mesma forma, o trigrama ☴ *xun* não está associado à *madeira* enquanto material, mas sim às raízes que, ao se depararem com uma pedra, a contornam para prosseguir seu enraizamento.Esta é uma imagem eficaz da atitude de aceitação do fato que a situação toma uma forma diferente da que teríamos sem dúvida preferido inicialmente. Enfim, o trigrama ☵ *kan,* em vez de representar o elemento *água,* exprime a luta contra a vertigem e todos os medos, em geral por sua associação ao desfiladeiro sem fundo.

48 Sobre este assunto, cf. Cyrille J.-D. Javary, *100 mots pour comprendre les Chinois*, Ed. Albin Michel, 2008.

O quadro das páginas 108 e 109 fornece um resumo das principais dinâmicas representadas pelos oito trigramas. Elas resultam principalmente do exame detalhado de cada um dos hexagramas compostos do desdobramento desses trigramas, aos quais é sempre bom se reportar em caso de dúvida sobre o significado de um trigrama (é por isto que seu número de ordem é sempre mencionado). É importante notar que, neste quadro, o último elemento de cada lista representa o aspecto extremo do movimento específico cujo trigrama é o emblema. Ele deve então ser lido como seu defeito principal em virtude da dialética *yin/yang*, segundo a qual toda coisa que atinge seu extremo transforma-se em seu contrário. Por exemplo, a virtude estabilizadora evocada pelo trigrama *gen* levada ao extremo transforma-se em rigidez.

AS PRINCIPAIS INDICAÇÕES PARA OS OITO TRIGRAMAS

☰ *qian* **1** **céu**	☷ *kun* **2** **terra**	☵ *kan* **29** **abismo**	☲ *li* **30** **luz**
criar	alimentar	treinar	obrigar-se
inicializar	completar	superar o medo do escuro	ver com clareza além aparência
conduzir	seguir	aprofundar	aderir
carregar	realizar	apoiar-se no vazio	enraizar-se n pleno
vigor	doçura	coragem	coerência
convergência	escalonamento	solidez	lucidez
fadiga	não intervir	vertigem	ofuscament

☳ *zhen* **51** **trovão**	☶ *gen* **52** **montanha**	☴ *xun* **57** **vento/raiz**	☱ *dui* **58** **bruma**
estimular	estabilizar	aceitar	comunicar
colocar em movimento	parar o que carrega	ser moldado(a) pela situação	atenuar as divergências
despertar	reagir	interiorizar	exteriorizar
ncer a inércia	vencer a impetuosidade	retirar-se para conseguir	exprimir-se para reunir
impulsão	calma	maleabilidade	leveza
canalizar a emoção	passar a um nível superior	paciência	elegância
npulsividade	rigidez	hesitação	inconsequência

Os textos canônicos

O texto original do *Yi Jing* é surpreendentemente conciso: contém cerca de 4.000 ideogramas (ele cabe em uma página de jornal). Divide-se em 64 capítulos, cada um dedicado a uma situação-tipo, sendo cada uma definida por um nome, avaliada por um parágrafo geral (chamado "Julgamento") e detalhada em seu processo de desenvolvimento nível por nível ao longo de seis parágrafos específicos (os "Textos das Linhas"). A este texto primitivo, a versão oficial acrescenta os *Comentários canônicos*, distribuídos em dez capítulos (chamados por esta razão as "Dez Asas") que têm cerca de 6.000 caracteres.

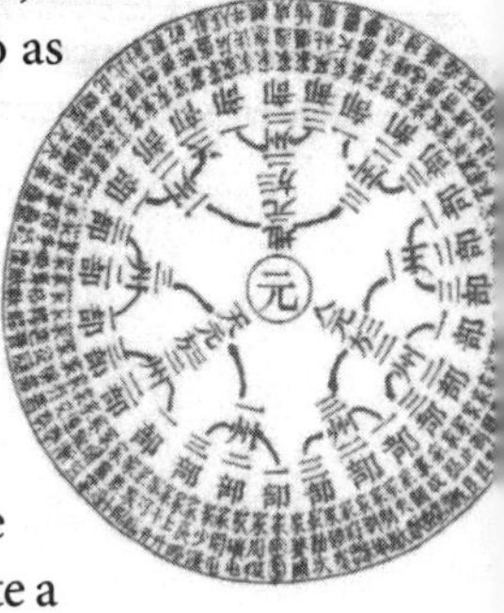

A partir do século XII (dinastia Song), surgiu o costume de inserir no texto original, entre o Julgamento e os Textos das Linhas, um sumário dos *Comentários canônicos* chamado em chinês "Grande Imagem" (nome frequentemente abreviado de maneira inexata por "Imagem"). Esta composição (que será a mais oficializada, visto que também foi durante a dinastia Song que os chineses inventaram a tipografia e, portanto, os livros tal como os conhecemos hoje) apresenta a vantagem de reunir o conjunto dos textos que devem ser consultados para se ter uma idéia precisa da resposta produzida pelo *Yi Jing*[49].

Esses textos são: o Julgamento e a Grande Imagem do hexagrama de situação e do hexagrama de perspectiva pelo aspecto geral da resposta e o(s) texto(s) da(s) linha(s) mutante(s) do hexagrama de situação, quando houver[50], para os seus aspectos específicos. Examinemos isto mais atentamente.

49 Em minha tradução do *Texto canônico* (*Yi Jing, Le Livre des Changements, op. cit.*), fiz questão de identificar para cada hexagrama a diferença entre o texto primitivo (Julgamento e o Texto das Linhas) e os *Comentários*. Por esta razão, a Grande Imagem e a Xª Asa (um resumo do sentido do hexagrama em um ou dois ideogramas), traduzidos sem comentários por falta de espaço, situam-se um pouco à parte, após o texto original.

50 Quando uma tiragem não obtem nenhuma linha mutante, deparamo-nos com um caso específico do processo incessante da transformação: a trans-

O texto do Julgamento exprime em geral o que o *Yi Jing* pensa globalmente da situação. É geralmente lacônico, composto por vezes apenas de indicações mânticas que devemos interpretar à moda chinesa, ou seja, obtendo informações quer da sua presença (*yang*), quer da sua ausência (*yin*).

O texto da Grande Imagem exprime mais precisamente o que o *Yi Jing* pensa globalmente da maneira como devemos nos comportar em uma dada situação. O texto da Grande Imagem é de forma geral atribuído a um personagem modelo (quase sempre o "Ser Completo", ou seja, um modelo confuciano). Esse é o mais estereotipado de todos os comentários oficiais: inicia sempre com uma descrição trigramática do hexagrama e propõe a melhor estratégia a ser implementada, baseando-se na combinação de duas frases, em que a segunda indica o objetivo e a primeira, os meios para alcançá-lo[51].

Os Textos das Linhas exprimem a estratégia específica mais apropriada a cada nível, ou seja, em função de cada momento de sua evolução e em relação a cada uma das seis funções definidas pelos níveis do hexagrama. Pode acontecer que o conselho dado pelo texto de uma Linha sugira uma estratégia em contradição com aquela proposta no Julgamento. Por exemplo, no hexagrama CASAMENTO DA CAÇULA (54), o texto do Julgamento enuncia "Impasse para as expedições", enquanto o texto associado à primeira linha fala de "Abertura para as expedições". Em qual acreditar? A contradição com a qual nos confrontamos provém da concorrência de conselhos que não estão situados no mesmo nível. Globalmente, o hexagrama 54 ䷵ esboça uma situação confusa, na qual há uma escolha que é feita por razões exteriores à pessoa ou à coisa escolhida. Nesta situação, estamos impossibi-

formação nula (como na aritmética, a multiplicação por 1). Neste caso, não se deve considerar que a situação não se transforma, mas sim que ela evolui em círculos, sendo ela mesma a sua própria perspectiva.

51 Esta articulação, tipicamente característica do texto chinês das Grandes Imagens, foi negligenciada por R. Wilhelm assim como, mais recentemente, por autores que traduziram o texto chinês dos *Comentários canônicos* (Michel Vinogradoff, *Dans le Yi Jing à tire-d'aile*, Guy Trédaniel Ed., 2000) ou que se apresentaram como tal (P. Faure, *op. cit.*)

litados de usar uma estratégia vigorosa, caracterizada por ações determinadas visando ao retorno à ordem (que é o sentido da fórmula "Impasse para as expedições"). No entanto, no nível de "Entrada" desta situação, posto que ainda não se está totalmente comprometido com a mesma, ainda é possível intervir nela de maneira positiva. Por que positiva? O exame do hexagrama derivado desta primeira linha nos confirma este aspecto. Trata-se do hexagrama LIBERTAÇÃO (40) ䷧, expressão de um momento em que, ao estabelecermos um limite claro, nos libertamos do que nos aprisiona. De uma maneira geral, em caso de contradição entre os conselhos dados no Julgamento e nos textos das linhas, o conselho dado pela linha tem primazia, pois, em oposição ao Julgamento, que considera globalmente a conjuntura, cada nível marcado por uma transformação está diretamente relacionado com a singularidade da pessoa que interroga, visto que ele se manifesta exclusivamente para ela.

A SÍNTESE

A síntese é, evidentemente, o momento mais delicado da análise de uma resposta do *Yi Jing*. Não se trata mais de coletar informações, mas sim de coordená-las, de conter sua abundância e de fundi-las em uma resposta, devendo idealmente estar contida em uma única frase. Percebemos com a prática que a dificuldade verdadeira não reside tanto na coleta de informações que podem fornecer os diferentes quadros de análise que abordamos quanto em sua triagem.

Nesta fase da análise de uma resposta do *Yi Jing*, o espírito geométrico deve-se conjugar com a mente sutil. A intuição retoma suas funções assim como, e sobretudo, a experiência. Isto é o que chamamos em outras circunstâncias de "ofício". A eliminação das informações não relacionadas à pergunta e, portanto, discrepantes quanto à resposta deve conformar-se a esta antiga regra do direito romano: "*Testis unus, testis nullus*"[52]. Um indício só deve

52 N. da T.: "Uma testemunha, nenhuma testemunha".

ser levado em conta se ele se repetir; uma informação obtida por um ou outro método de análise só é válida se for reiterada por pelo menos outro método. Esta busca da convergência é a única maneira de lograr uma síntese coerente e eficaz.

Enfim, em última análise, notamos frequentemente que a formulação mais justa, mais concisa da atitude que aconselha o *Yi Jing* retoma na maioria das vezes o nome do hexagrama de situação modulado pelo do hexagrama de perspectiva. Esta particularidade, entre outras, resulta do estado peculiar dos ideogramas chineses. De fato, indiferentes às categorias gramaticais que em nossas línguas separam nomes, verbos e adjetivos, os ideogramas desempenham um papel duplo ao nomearem um hexagrama do *Yi Jing:* ao mesmo tempo descrição e gestão de uma situação-tipo. Incapaz de representar esta função dupla com uma única palavra, a tradução por vezes prioriza a descrição, como no caso do hexagrama ABUNDÂNCIA (55), por vezes a gestão, como em TROCAR (58).

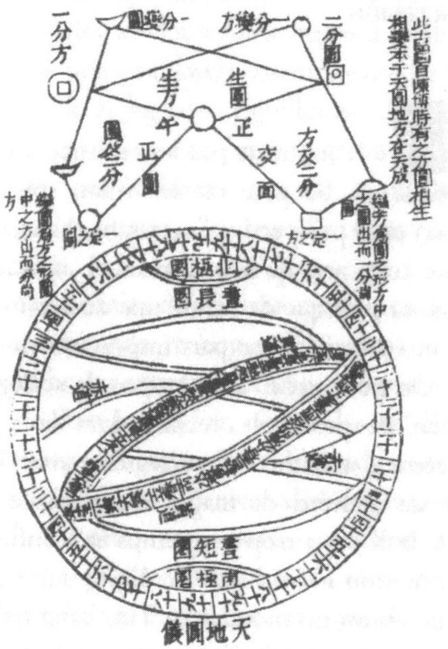

"Nos momentos de ação
o Ser Completo interroga o *Yi Jing*.
Nos momentos de descanso
o Ser Completo contempla o *Yi Jing*."

Conclusão

O *Yi Jing* não é uma ciência, é uma arte. Sua matéria é a vida, seu contexto é o humano e sua perspectiva, a mudança incessante. Como toda arte, quer seja manual, marcial ou musical, sua prática requer uma dose mínima de talento e uma parte importante de técnica. Sobre este ponto, podemos falar de solfejo, método e protocolo, termos que, no rigor confuciano, diferem saudavelmente da aura taoista de mistério, magia e esoterismo na qual o *Yi Jing* esteve confinado por um tempo demasiadamente longo.

A utilização individual do *Yi Jing* abre uma nova visão do mundo. O *yin/yang* que vemos atuar no *Yi Jing*, por sua dialética ativa e sua dinâmica interna, dissolve dilemas em que algumas vezes nos confinamos. A sabedoria das respostas do *Yi Jing*, às vezes surpreendente, sempre ajuda. Nem que seja apenas pelo diálogo direto que se instaura em nós mesmos.

O *Yi Jing* é um livro de sabedoria porque é um livro de ação. Ele não diz nada, tanto sobre o futuro quanto sobre a verdade. É melhor do que isso: ajuda-nos a agir. Tal como as agulhas do acupunturista que não têm efeito terapêutico direto mas são eficazes porque "incitam" o corpo a restabelecer por si mesmo uma circulação harmoniosa de energia vital, o *Yi Jing* estimula-nos. Ele principia em nós um processo ao fim do qual nós mesmos determinamos a atitude mais apropriada à situação com que estamos confrontados.

Na intimidade do diálogo que se instaura entre o velho clássico e a pessoa que interroga, revela-se uma intuição que se torna mais segura através da prática. Prática esta que é renovada na China de geração em geração e que se estende hoje para muito além graças à universalidade do jogo das linhas e da sutileza das engrenagens que as ordena.

O *Yi Jing* não diz nada, tanto sobre a verdade quanto sobre o futuro. Seu trabalho resume-se em iniciar em nós uma percepção acurada no coração e no espírito, pois do ponto de vista chinês não há separação entre os dois.

Na maior parte do tempo encontramos por nós mesmos a atitude justa pela reflexão ou meditação. Todavia, há momentos em que esta intuição falha, deixando-nos hesitantes, incapazes de optar entre diferentes maneiras de se comportar. Pois é "nos momentos de ação", conforme a citação do *Grande comentário* em destaque, que vale a pena interrogar o *Yi Jing*. Como quando vamos pedir um conselho a um velho tio cuja sabedoria, muitas vezes surpreendente, consegue sempre nos encorajar.

No resto do tempo, ou "nos momentos de descanso", é enriquecedor "contemplar" o *Yi Jing*. Quando "interrogamos" o *Livro das transformações,* ele nos transmite sua resposta simplesmente através de uma dupla de hexagramas (situação e perspectiva), mesmo se para decifrar com segurança o significado nós utilizamos todos os diversos quadros de análise que abordamos.

"Contemplar o *Yi Jing*" é examiná-lo com um olhar diferente. É – sem privilegiar um aspecto em relação a outro – contemplar o conjunto formado pelos 64 hexagramas. É explorar a rede sutil que as engrenagens ajustadas por gerações de estudiosos tecem entre elas. É perceber a complexidade fecunda desta surpreendente "máquina de conexões" e, desta forma, descobrir relações inéditas entre situações comuns, como, por exemplo, o terreno comum que associa as 32 duplas de hexagramas opostos ou a dinâmica comum existente no coração das 16 famílias de nucleares.

Desponta assim uma nova visão do mundo em que vivemos diariamente, uma abundância de aberturas, uma dissolução das contradições e dos dilemas em que nos aprisionamos tão facilmente em nosso modo habitual de reflexão.

Servindo ao mesmo tempo de manual de ajuda à tomada de decisão, quando somos confrontados a um

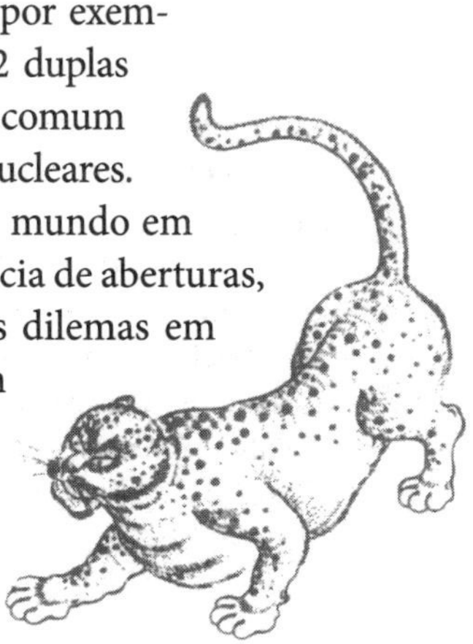

problema pontual, e de "representação do mundo" descrito em sua contínua propensão à mudança, o *Yi Jing*, esse presente da China antiga, refinado pela determinação moral da ética confuciana, oferece-se a todos como uma maneira de viver com mais exatidão a vida que nos atravessa.

1	2	**33**	19	**1**	1	**33**	44
2	1	**34**	20	**2**	2	**34**	43
3	50	**35**	5	**3**	23	**35**	39
4	49	**36**	6	**4**	24	**36**	40
5	35	**37**	40	**5**	38	**37**	64
6	36	**38**	39	**6**	37	**38**	63
7	13	**39**	38	**7**	24	**39**	64
8	14	**40**	37	**8**	23	**40**	63
9	16	**41**	31	**9**	38	**41**	24
10	15	**42**	32	**10**	37	**42**	23
11	12	**43**	23	**11**	54	**43**	1
12	11	**44**	24	**12**	53	**44**	1
13	7	**45**	26	**13**	44	**45**	53
14	8	**46**	25	**14**	43	**46**	54
15	10	**47**	22	**15**	40	**47**	37
16	9	**48**	21	**16**	39	**48**	38
17	18	**49**	4	**17**	53	**49**	44
18	17	**50**	3	**18**	54	**50**	43
19	33	**51**	57	**19**	24	**51**	39
20	34	**52**	58	**20**	23	**52**	40
21	48	**53**	54	**21**	39	**53**	64
22	47	**54**	53	**22**	40	**54**	63
23	43	**55**	59	**23**	2	**55**	28
24	44	**56**	60	**24**	2	**56**	28
25	46	**57**	51	**25**	53	**57**	38
26	45	**58**	52	**26**	54	**58**	37
27	28	**59**	55	**27**	2	**59**	27
28	27	**60**	56	**28**	1	**60**	27
29	30	**61**	62	**29**	27	**61**	27
30	29	**62**	61	**30**	28	**62**	28
31	41	**63**	64	**31**	44	**63**	64
32	42	**64**	63	**32**	43	**64**	63

HXG 1 Elã Criativo	**HXG 2** Elã Receptivo	**HXG 3** Dificuldades Iniciais	**HXG 4** Jovem Insensato	**HXG 5** Esperar
HXG 6 Pleitear sua Causa	**HXG 7** Exército	**HXG 8** Aliança	**HXG 9** O Pequeno Doma	**HXG 10** Atitude
HXG 11 Prosperidade	**HXG 12** Adversidade	**HXG 13** Entender-se com todos	**HXG 14** O Grande Realiza	**HXG 15** Conter-se
HXG 16 Entusiasmar-se	**HXG 17** Seguir	**HXG 18** Corrigir o corrompido	**HXG 19** Aproximar	**HXG 20** Observar
HXG 21 Morder e Unir	**HXG 22** Embelezar	**HXG 23** Usura	**HXG 24** Retorno	**HXG 25** Espontanea-mente
HXG 26 O Grande Doma	**HXG 27** Nutrir	**HXG 28** Grande Excesso	**HXG 29** Treinar a travessia dos abismos	**HXG 30** Caçador de Pássaros (Claridade)
	HXG 31 Incitar		**HXG 32** Persistir	

HXG 33
Bater em Retirada

HXG 34
Grande Força

HXG 35
Avançar em Pleno Dia

HXG 36
Luz Obscurecida (Pássaro Ferido)

HXG 37
Membros de Um Clã

HXG 38
Divergência

HXG 39
Obstrução

HXG 40
Libertação

HXG 41
Diminuir

HXG 42
Aumentar

HXG 43
Mostrar-se decidido

HXG 44
Ser Acolhedor

HXG 45
Reunião

HXG 46
Crescimento

HXG 47
Exaustão

HXG 48
Poço

HXG 49
Revolução

HXG 50
Caldeirão

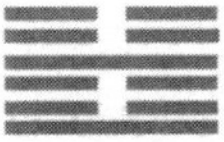
HXG 51
Abalar

HXG 52
Estabilizar

HXG 53
Progredir Passo a Passo

HXG 54
Casamento da Caçula

HXG 55
Abundância

HXG 56
Viajante

HXG 57
Modelar-se

HXG 58
Trocar

HXG 59
Desatar

HXG 60
Medida

HXG 61
Justa Confiança

HXG 62
Pequeno Excesso

HXG 63
Travessia Realizada

HXG 64
Travessia por Realizar

Do mesmo autor (em francês)

- *L'Esprit des nombres écrits en chinois. Symbolique. Emblématique*, Ed. Signatura, 2008.
- *100 mots pour comprendre les Chinois*, Ed. Albin Michel, 2008.
- *La Chine Nouvelle*, avec A. Wang, coll. "Petites Encyclopédies Larousee", Ed. Larousse, 2006.
- *Paroles de Confucius*, coll. "Carnets de sagesse", Ed. Albin Michel, 2005.
- *Le Vieux Sage et l'Enfant.*, introduction à l'ceuvre de Fan Zeng, peintre contemporain traditionnel chinois, Ed. Albin Michel, 2005.
- *Les Esprits, est-ce que cela existe?* (collectif), Ed de l'Atelier, 2005.
- *La Cité interdite, le Dedans dévoilé*, dessins de Charles Chauderlot, Ed. du Rouergue, 2004.
- *Le Discours de la Tortue. Découvrir la pensée chinoise au fil du Yi Jing*, Ed. Albin Michel, 2003.
- *Yi Jing, le Livre des Changements*, traduction complète du chinois (commentée avec l'aide de Pierre Faure), Ed. Albin Michel, 2002.
- *Dans la Cité pourpre interdite. Visite Yin-Yang du palais impérial de Pékin*, illustré par Patrice Serres, Ed. Philippe Picquier, 2000.
- *Confucius* (pour les enfants de dix à treize ans), illustré par Frédéric Clément, Ed. La Joie de Lire, 1997.
- *Les Mots du Yi Jing*, traduction mot à mot, en collaboration avec le Centre Djohi, revue *Question de* nº 98 *bis*, Ed. Albin Michel, 1994.
- *Les Mutations du Yi Jing* (collectif); revue *Question de*, nº 98, Ed. Albin Michel, 1994.
- *Le Yi Jing, grand livre du Yin et du Yang*, coll. "Bref", nº 20, Ed. du Cerf, 1989.
- *Etude sur l'origine du Yi Jing*, Ed. Cercle sinologique de l'Ouest, 1985.

Este livro foi composto na tipologia Minion Pro, em corpo 11/13,5,
e impresso pela Gráfica Nova Letra, em papel offset 90g/m²
e a capa em papel cartão supremo 250g/m².